セールステック

SalesTech
大全

攻めの営業DXを実現する最先端テクノロジー

株式会社マツリカ
中谷 真史

プレジデント社

はじめに
～テクノロジーに適応できない営業パーソンを待つ最悪な結末

　VUCA（不確実性が高く、将来の予測が困難な状態）といわれて久しい現代ビジネス界において、営業パーソンを取り巻く環境は、まさに劇的な変化を遂げています。特にBtoB領域で営業組織が着目すべきなのは、「**顧客の購買プロセスが大きく変化している**」ということです。
　インターネットやソーシャルメディア（SNS）の普及により、顧客はわざわざ営業パーソンに会わずとも、以前よりも多くの情報を手に入れられるようになりました。そして情報量の増加にともない、BtoB領域では購買の意思決定に関わる人数が増加し、**購買プロセスは複雑化**しています。
　このような状況で、従来の営業手法はもはや通用しなくなってきました。

　さまざまな情報にアクセス可能となった顧客は、製品やサービスの単なる説明や提供だけでなく、自分や自社にとって重要なインサイト（示唆）を与えてくれて、購買の意思決定を支援してくれる営業パーソンを求めています。そのため近年の営業活動では、市場・競合・自社（製品やサービス）についての幅広い知識と高度なスキルを今まで以上に速く、かつ多く獲得し続けることが重要です。

　では、営業パーソンにとって、現代はもっとも困難な時代なのでしょうか。その答えは、必ずしもYesではありません。
　変化の激しい現代において、営業として生き残ることができるのかどうか。その鍵となるものこそが、本書で解説する**セールステック（SalesTech）**です。セールステックとは、セールス（Sales）とテクノロジー（Technology）をかけ合わせた造語で、営業生産性を向上させるためのテクノロジーやツール、ソフトウェアのこと

を指します。近年ではセールスという特定の職種に限らず、収益に関わるあらゆるテクノロジーを総称し"RevTech"（RevenueTech：レベニューテック）と呼ぶこともあります。

　例えば、セールステックの代表格であるCRM（顧客関係管理）システムを活用することで、以下のようなメリットがあるでしょう。

・顧客データの管理／可視化／分析／共有を容易に実行する
・営業組織がより効率的／効果的に活動するための示唆を得る
・AIを活用して見込み顧客の行動や売上を予測し、最適なタイミングでアプローチする

　セールステックの誕生と加速度的な発展により、営業活動の効率化・高度化が、かつてないレベルで実現可能となっています。

　このテクノロジーの進化に適応できずに、従来の状態や手法から脱却できないとどうなるでしょうか。

　「うちの製品やサービスは特殊だから……」「うちの営業メンバーにはまだ早い……」「この業界はアナログだから……」。このような姿勢でデジタル化の波に乗れない営業パーソンは、感覚に頼った非効率なアプローチを続けることになり、生産性が向上しません。

　生産性が向上しなければ、持続的に再現性高く成果を出すことが難しくなるため、営業としてのキャリア構築も難しいものになっていく可能性が高いでしょう。

　また、顧客はより優れた体験を提供してくれる競合企業に流れてしまうため、結果として、企業全体の競争力・業績にも悪影響をおよぼします。

　「テクノロジーに適応できないと淘汰される」

　これは現代の営業パーソンにとって避けることのできない現実です。新時代の営業組織・営業パーソンとして生き残り、勝ち上がり

たければ、テクノロジーとともに歩むことが不可欠でしょう。

そして、よりよい営業活動を推進するためのテクノロジーであるセールステックを正しく利活用すれば、それは単なるツールではなく、あなたにとって**最強のパートナー**となるはずです。

本書では多くのセールステックを紹介していますが、必ずしも、これらのツールを使わないといけないというわけではありません。重要なことは「**自社の状況に合う、自分自身にとって必要なセールステックが何なのか**」を見極めることです。

本書を手に取ってくださった皆さんが、セールステックに関する適切な理解を深め、自組織における利用の活性化を考えていただくこと。そして最終的には、営業生産性の向上や営業DXといった変革を推し進める一助になれば、このうえない喜びです。

本書の構成

本書では、セールステックに関する最先端かつ網羅的な知識、および導入・利活用における実践的なヒントについて、以下の構成で解説しています。

第1章「**営業を取り巻く環境変化**」は、現代の営業活動を取り巻く環境変化について解説するものです。デジタル技術の進展により、顧客の購買活動や営業を支援するテクノロジーは劇的に変化しています。これらの変化が営業活動にどのような影響を与えているのか、まずはそれを理解することが重要です。

第2章「**セールストレンドを読み解く**」では、環境変化とともに訪れた、営業活動におけるより具体的な変化を紹介します。

そして第3章「**セールステックの真髄を知る**」は、セールステッ

クの基本概念について、その定義や目的、日本企業の法人営業におけるデジタル活用の実態を明らかにした調査結果、よくある誤解と正しい考え方についてを詳しく解説するものです。

第4章「セールステックの種類とトレンド」では、日本で営業DXを推進する際に活用可能なセールステックを網羅した「Japan SalesTech Landscape 2024（セールステックランドスケープ）」を紹介。また、現在利用されている主要なセールステックのカテゴリ解説や、それらが今後、どのように進化して、どのようなトレンドが予想されるかについて解説します。

第5章「営業組織における職種と体制の変化」では、セールステックの普及と密接に関わる営業職種や組織体制の変化をまとめました。

そのうえで第6章「失敗しない営業DXの進め方」では、セールステックの導入・利活用をはじめ、実際に営業DXをどのように進めるべきかについての具体的な手順を紹介します。各プロセスにおける落とし穴やツールの選び方、導入方法など、実践的なアドバイスを提供します。

第7章「これからの日本の営業がより良くなるために」は、営業という"尊い仕事"が今後より良いものとなるために、営業パーソンはどのような変化に適応する必要があるのかについて、より深く考察するものです。

最後に第8章「新たな希望の光『デジタルセールスルーム』」では、近年の営業活動を取り巻く世界において、"生成AIの次に重要なテクノロジー"だといわれている「デジタルセールスルーム（DSR）」についても、詳しく解説しています。

これらを読み進めていただき、新時代の営業パーソンとして、その輝かしい第一歩を踏み出していただければ幸いです。

株式会社マツリカ

中谷 真史

目次

はじめに
~テクノロジーに適応できない営業パーソンを待つ最悪な結末..................002

第1章
営業を取り巻く環境変化

Part 01
日本の環境変化を解き明かす、2つの前提とは?..................010

Part 02
デジタルネイティブ世代の台頭による、購買者側の変化..................013

Part 03
営業パーソンの必要性低下による購買者の営業忌避..................019

Part 04
営業活動の難易度が急激に上がっている..................021

第2章
セールストレンドを読み解く

Part 01
日々の業務に有用なセールステックツールの増加..................024

Part 02
戦略的に売上をつくる「セールスイネーブルメント」..................027

Part 03
新たな顧客志向の形「バイヤーセントリック(顧客起点)」..................035

Part 04
パーソナライズドアプローチの重要性..................038

Part 05
生成AIの隆盛によるインパクト..................039

Part 06
営業活動の持続可能性を考える..................040

第3章
セールステックの真髄を知る

Part 01
セールステックの定義 ... 042

Part 02
営業生産性の方程式と向上方法 ... 044

Part 03
法人営業におけるテクノロジー活用の実態 ... 050

Part 04
セールステックにまつわるよくある誤解 ... 053

Part 05
セールステックは「型」と「データ」だ ... 055

第4章
セールステックの種類とトレンド

Part 01
セールステックを網羅的に把握し、理解する ... 062

Part 02
海外におけるセールステックトレンド ... 085

第5章
営業組織における職種と体制の変化

Part 01
営業関連職種の細分化 ... 096

Part 02
代表的な組織体制と連携の重要性 ... 099

目次

第6章
失敗しない営業DXの進め方

Part 01
導入するツールの検討から購入まで 104

Part 02
購買を主導することの価値 113

第7章
これから日本の営業がより良くなっていくために

Part 01
課題先進国としてのポテンシャル 116

Part 02
正しく進むために、正しく勉強する 120

第8章
新たな希望の光「デジタルセールスルーム」

Part 01
米国での新たなトレンド誕生の背景 124

Part 02
デジタルセールスルームとは一体何か 126

Part 03
デジタルセールスルームの効果 129

Part 04
営業データ蓄積の特効薬となるか…… 131

おわりに
〜個人的な「営業」への思い 134

参考文献 138

所属企業情報 141

第 1 章

営業を取り巻く環境変化

Part 01
日本の環境変化を解き明かす、2つの前提とは?

 昨今、ますます加速しているデジタル化の波は、ビジネスにさまざまな変化をもたらしており、それは営業においても例外ではありません。そこで本章では、営業活動を取り巻く環境変化について、営業とは切り離すことのできない**「顧客(購買者)」の存在とセールステックの発展**に着目して整理していきます。そして、これらの変化が営業活動にどのような影響を与えているのかについて解説します。まずは現在、日本でのビジネスにおける2つの前提を見ていきましょう。

前提①:日本経済の停滞と少子高齢化
前提②:日本における営業生産性の圧倒的な低さ

 これらが日本企業の営業活動に、大きな影を落としています。しかし、そうしたことを意識して日々の業務にあたっている営業パーソンは、多くありません。
 自身や自社を取り巻く環境について一人ひとりが精緻に把握しておくことも、生き残り、勝ち上がるために重要な要素となります。

・前提①:日本経済の停滞と少子高齢化
 実質GDP成長率が急激に鈍化している現代の日本経済では、資本(設備投資)と労働が減速していくことによって、技術革新や生産の効率化といった全要素生産性(TFP)も停滞してきています。
 さらに、少子高齢化の影響によって、労働人口が減り続けていることはいうまでもありません。

【図1】日本の実質GDP成長率＆労働人口の推移

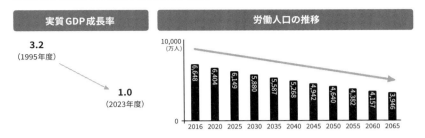

【出典】みずほリサーチ＆テクノロジーズ「みずほインサイト／少子高齢化で労働力人口は4割減」、内閣府「国民経済計算（GDP統計）」を基にマツリカ作成

　なかでも現在、日本のビジネスをつくり出している営業パーソンの数は、総務省「労働力調査」によると、約300万人だといわれています。しかし、少子高齢化による労働人口の減少にともない、10年後には約9％、20年後には約20％もの営業パーソンが減ってしまうことが見込めるでしょう。

　そこから試算すると、日本の営業パーソンは**1人当たりの生産性を10年後までに10％以上、20年後までに24％以上向上**させないと、日本経済の再加速には貢献できないといえるのです。

第1章

・**前提②：日本における営業生産性の圧倒的な低さ**

　その一方で近年、日本の営業組織における生産性の低さが問題視されています。

　2021年にマッキンゼー＆カンパニーが発表したレポート「日本の営業生産性はなぜ低いのか」によれば、日本企業における営業生産性は、**全業種でグローバル水準を大きく下回っている**ことが明らかにされています。

　これらを鑑みると、「**テクノロジーへの投資を加速させ、人材の生産性を高めることでしか、日本経済の再加速は見込めない**」ともいえるのではないでしょうか。

　日本の営業現場で培われてきた「匠の技術」を、早急に次の世代へと「継承」するだけではなく、さらに「進化」させていく必要があるわけです。そうしなければ、日本がビジネスをつくり出す力はみるみるうちに失われていってしまいます。

Part 02
デジタルネイティブ世代の台頭による、購買者側の変化

　営業という存在は、購買者である顧客の存在があってこそ成り立つものであり、顧客とのコミュニケーションを通じて商いをするということが前提となっています。
　そこで、営業を取り巻く環境変化を理解するために、**顧客（購買者）側に生じている変化**にも目を向けてみましょう。

　現代のビジネス環境において、購買活動に関わる購買者（買い手やバイヤーとも呼ぶ）の顔ぶれは急速に変化していますが、その中でも特に注目すべきは**デジタルネイティブ世代の登場**です。
　デジタルネイティブ世代とは幼少期からインターネットやソーシャルメディアに触れ、自然に慣れ親しんできた「ミレニアル世代」とも呼ばれる人々のことであり、日本の総人口においては約5分の1を占めています。

　アメリカのリサーチ会社Forresterが発表した調査結果「Younger Buyers Have Changed The Business Buying Landscape」によると、2023年の時点で**BtoB購買者の50％以上がミレニアル世代で構成されるようになった**とされています。これはあくまでもアメリカでの調査結果なので、日本ではもっと少ないと考えられますが、いずれにせよデジタルネイティブ世代がビジネスパーソンとして活動する時代になっていることは間違いありません。

　そして、そうしたデジタルネイティブ世代の購買者には、次のような特徴があります。

・特徴①：ソーシャルメディアの活用に優れている
　ソーシャルメディアは、デジタルネイティブ世代にとって重要な情報源です。彼ら、彼女らは製品やサービスについてのレビューや評価をソーシャルメディアで確認し、他のユーザーが持つ意見を参考にすることも多くあります。これにより、企業のオンラインプレゼンスや評判が、購買意思決定に直接的な影響を与えることも増えました。

・特徴②：デジタルチャネルでのコミュニケーションを好む
　デジタルネイティブ世代の人々は、電話や対面よりもメールやチャット、ビデオ会議などのデジタルチャネルを使ったコミュニケーションを好む傾向があります。営業パーソンはこれらのチャネルを駆使して、効果的にアプローチする必要があるでしょう。

　つまりデジタルネイティブ世代の人々は、スマートフォンやソーシャルメディアを使いこなすだけでなく、**オンラインでの情報収集や購買**にも非常に長けているわけです。このような傾向のあるデジタルネイティブ世代の出現によって、従来のような対面での営業や購買を重視する風潮や、「何となく紙のほうが信頼できる」といった慣習が崩れつつあります。
　購買者が変化している以上、営業パーソンはそれに適応していかなければなりません。

インターネットの急速な普及にともなう、デジタル上での情報取得

　インターネットが普及する前の購買者は、**営業パーソンから得られる限られた情報**が購買活動における主な情報源でした。例えば、営業パーソンが話すことや情報提供として渡すパンフレットなどが

該当します。そのため、営業パーソンと購買者の間で**「情報の非対称性」**が大きく、比較的に営業パーソンが介在価値を発揮しやすい、すなわち受注に向けたアプローチをしやすい環境でした。

しかし、2000年代以降にインターネットが爆発的に普及し、デジタルでの情報取得が可能になったことで、**個人が得られる情報の質が向上、量も急激に増加**しました。インターネット検索やソーシャルメディア、専門サイト、レビューサイトなどを活用することで、製品やサービスの専門的な情報を誰でも手軽に調査し、比較検討できるようになります。

これによって、**営業パーソンが「情報の門番」である時代は終わりを迎えた**のです。

情報量の増加と「情報の民主化」が購買活動に与えた影響

前述の通り、インターネットの普及によって、誰でも手軽に専門的な情報を得ることが可能になりました。

その影響を受けて、企業における購買プロセスが複雑化してきているといわれています。その要因は、主に以下の2つです。

・要因①：情報や意見を持っている購買関与者数の増加
・要因②：考慮する情報の増加

これらについて、詳しく見ていきましょう。

・**要因①：情報や意見を持っている購買関与者数の増加**
アメリカのリサーチ会社Gartnerが発表した調査結果「New B2B Buying Journey and its Implication for Sales」によれば、**アメリ**

カ企業の77％で、購買担当者が自身の購買体験を「非常に複雑」または「困難」と評価していることが明らかになりました。

また同調査によると、現代のBtoB購買プロセスには平均して6～10人のステークホルダーが関与し、各ステークホルダーが4～5個の情報源を参照したうえで、それらの情報を共有して意思決定しているようです。

日本企業の購買活動における社内関与者数についても、マツリカが実施した「Japan Sales Report 2022～Buying Study：購買活動の実態調査～」では、**全体の64％が「4～10人」**と回答、承認者の人数については**全体の79％が「2～10人」**と回答しています。

この結果から、日本においても企業の購買活動には多くの社内関与者の存在があることがうかがえ、さらには**欧米企業よりも意思決定に関与する人数が多い可能性が示唆**されました。

・要因②：考慮する情報の増加

購買プロセスに関与する人数が増えることで、**検討の観点や扱う情報の量**も増加しています。各ステークホルダーが異なる優先事項や視点を持ち込むため、購買決定には多角的なアプローチがなされているわけです。

前述のGartnerが提供する「Illustrative B2B Buying Journey」では、こうした複雑なプロセスを視覚的に示しており、購買者が直面する困難を理解するための重要なツールとなっています。

企業における購買プロセスの中では、**ステークホルダー間の合意形成**が非常に重要なものとなり、そのためには担当する営業パーソンがその調整役を果たす必要があるでしょう。

【図2】バイイングジャーニー

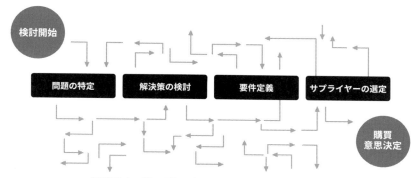

【出典】Gartner「New B2B Buying Journey and Its Implication for Sales」を基にマツリカ作成

　マツリカが発表した「Japan Sales Report 2022〜Buying Study：購買活動の実態調査〜」では購買活動において苦労したことについて、「**社内承認**」「**検討プロジェクトのメンバー間合意**」などの社内折衝に関する回答が上位を占めており、さらに「**関与者数の増加により購買活動の負荷が増大する**」可能性が示唆されています。

　このように、**意思決定関与者数と情報量の増加によって購買プロセスが幾重にも重なり、購買活動は複雑化している**のが現状です。

【図3】営業を取り巻く環境の変化

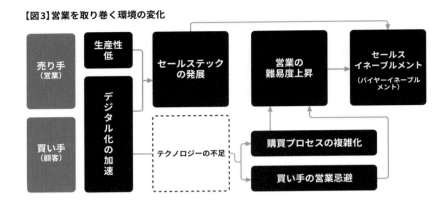

Part 03

営業パーソンの必要性低下による購買者の営業忌避

　購買者は営業パーソンと接触しなくとも、自身で情報をインプットして学習できるようになった結果、**営業パーソンから直接情報を得る必要性が低下**しました。同時に、購買者自身が得るべき情報量の増加と購買プロセスの複雑化によって「**情報を収集・整理・共有するための業務**」が肥大化し、その影響で営業パーソンとのコミュニケーションに割り当てる時間が減少しているのです。

　Gartnerの調査「New B2B Buying Journey and Its Implication for Sales」によれば、**購買プロセスにおいて営業パーソンとコミュニケーションをとる時間は、今や購買検討に費やす時間全体の17％ほどしかない**といわれています。3社でのコンペともなると、1社の営業パーソンに対して割かれる時間の割合は単純計算で**全体の6％弱ほどしかない**ということです。

【図4】購買グループの時間配分（主要な購買活動別）

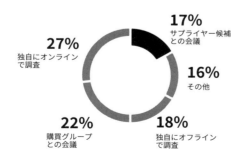

【出典】Gartner「New B2B Buying Journey and Its Implication for Sales」を基にマツリカ作成

さらにインターネットの普及により、購買者は口コミやレビュー情報にも気軽にアクセスできるようになっています。その結果、購買者は営業パーソンに対して「必ずしも正確な情報を提供してくれない」「インターネットで収集可能な情報よりも、価値の高い内容を提供してくれるとは限らない」と認識するようになり、**営業パーソンへの信頼度が低下**しました。購買者は営業パーソンとコミュニケーションをとっていない間に、さまざまなリソースで情報収集を行い、自分自身でその内容を検証して、より信頼性の高い情報を見極める能力を持つようになっています。

これにより、現代では多くの購買者が営業パーソンを介さない購買プロセスを選ぶようになりました。同じくGartnerが発表した「B2B Buying:How Top CSOs and CMOs Optimize the Journey」では**BtoB購買担当者の75％が、営業パーソンを介さない購買体験を好む**とされています。その結果、営業活動の中で以下のような状況が頻発しています。

「気づいたら、購買者の検討状況が変化していた」
「知らぬ間に競合との検討が進んでいた」
「連絡がついたときには、すでに失注しそうな状況に陥っていた」

このような背景から、営業パーソンは購買者の情報をつぶさに把握することも含めて、テクノロジーの活用を迫られているわけです。
また、特に**購買プロセスにおける関与者数の多い日本企業においては、購買活動（検討）期間が長期化**する可能性が高いといえます。それにともない、意思決定や社内における合意形成の難易度は高まり、結果的に導入の意思決定に至らないケースも増えていくでしょう。すなわち、それは**営業パーソンが受注できない可能性が高くなる**ということも、これまでに提示したデータから読み取れます。

Part 04 営業活動の難易度が急激に上がっている

　購買者の態度や購買プロセスが変化したことを受けて、営業活動にも大きな変化がもたらされ、その難しさが実際の営業成果にも表れているでしょう。
　ここでは、顧客側の変化によって生じた営業の難易度上昇について、代表的なものを紹介します。

営業パフォーマンスの低下

　購買プロセスが複雑化し、購買者が自己主導で情報収集を行うようになったことで、営業パーソンはこれまで以上に深い知識と高度なスキルを求められています。
　世界の調査会社であるCSO Insights、Bridge Group、Forresterが発表している情報によると、営業活動には以下のような影響が出ているといわれています。

・営業パーソンの育成期間が長期化（6カ月→9カ月）
・営業パーソンの勤続年数が短期化（3年→1.5年）
・営業活動における目標達成率の低下（63％→43％）

　このように、**テクノロジーの発達によって購買者側で生じた変化は、企業の営業活動を劇的に難しくしました。**
　これに対応して営業パーソン、ひいては組織が変化していかなければ、その負の影響をダイレクトに受けてしまうことは間違いありません。

第1章

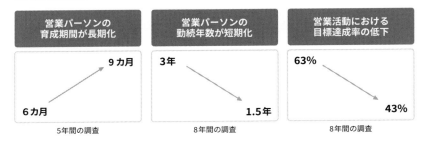

【図5】営業の難化

【出典】CSO Insights, Bridge Group, Forrester Research

　つまり、購買者側のデジタル化に合わせて、営業側もテクノロジーを活用して適応していくこと、その手法を変革することが求められているわけです。

　一方で、日本企業の営業活動においては、いまだに対面でのコミュニケーションを重視する風潮や、"足で稼ぐ"文化が色濃く残っています。対面でのコミュニケーションの重要性については、筆者も理解していますが、特に中堅・中小企業では、「うちの顧客はアナログ派だから」「長い付き合いの中でつくりあげてきた独自のやり方があるから」とデジタル化やテクノロジーの活用を諦めているケースが少なくないでしょう。もちろん、そうした手法を全面的に否定するわけではありません。

　ただ、頑なに変革を拒むスタンスでいると、今後、ますます先進していく世の中から後れを取り、気づいたときにはもう手遅れで時流に追いつけなくなってしまう可能性も大いにあるでしょう。

　そうなる前に、まずは現代において求められているものは何かを精緻に理解すること、そして勇気を持って一歩踏み出し、新たな世界へチャレンジすることが必要です。

第2章

セールストレンドを読み解く

Part 01
日々の業務に有用な
セールステックツールの増加

　近年のビジネスを取り巻く環境変化にともない、営業の世界にもさまざまな変容が訪れています。本章では、そのトレンドとして代表的なものを紹介します。

　まずは営業DXを実現するセールステック（SalesTech）について、見ていきましょう。セールステックとは、営業生産性を向上させるためのテクノロジーやツール、ソフトウェアのこと。その誕生と発展により、営業活動の効率化と高度化が、かつてないレベルで進んでいます。
　セールステックの内容は営業活動と顧客のデータ基盤、データ整備、データ活用、業務効率化・高度化といったカテゴリに大別され、営業プロセス全体を支援することができるのも特徴です。

　例えば先進的な企業では、セールステックツールを使って次のようなオペレーションが組まれています。ここで紹介するのは「最先端」とまではいかない、セールステックを積極導入した企業で標準的に行われているオペレーションの一部です。

・見込み顧客の獲得
　見込み顧客に対して有用なコンテンツをWeb上やSNSで公開し、流入を獲得。そのコンテンツを読んでもらい、問い合わせや資料請求などの行動を喚起します。
　さらに問い合わせや資料請求などがあれば、チャットツールで社内へリアルタイムに通知されます。

・商談アポイントの獲得
　事前にMA（マーケティングオートメーション）ツールやインテント（顧客の興味・関心）データ活用ツールを使うことで、顧客の状態を把握したうえで架電やアプローチができるようになります。また、Web電話ツールを使ってインサイドセールスが架電し、見込み顧客のニーズを聞いたり、商品・サービスの必要性を訴求したりして商談アポイントを獲得します。

　そうした会話の内容は自動で録音され、会話内容や顧客の反応などの分析、改善点の示唆出し、会話内容の書き起こしや要約などを行い、それらのデータをCRMへ自動格納してくれます。

・商談の準備
　電話での会話データを営業に引き継ぐことができるため、初回商談の準備を効果的に実施できるようになります。
　また、企業情報を調べるツールから見込み顧客の情報を取得し、該当企業が抱える課題やニーズについての仮説を構築したり、AIを使って商談の事前準備（情報収集、仮説構築、資料作成など）を効率化したりすることも可能です。

・商談の推進
　Web商談ツールを活用すれば、議事録の自動作成や商談における顧客の反応をデータとして取得することができ、改善点の示唆出しが可能となります。
　また、優れた商談の内容をナレッジとして社内に展開したり、AIトークスクリプトやプレイブック（実践すべき営業手法を体系化した資料）によるサポートも受けられたりと、商談の質向上へ一歩進んだ取り組みができるようになるでしょう。

・顧客との非同期コミュニケーション
　デジタルセールスルーム上で資料や議事録、タスクなどを一元化し、顧客と共有できます。また、顧客のアクセス履歴を営業パーソンへ通知。興味・関心ごとに最適化したフォローアップを、顧客に好まれるタイミングで実施する助けにもなります。

・契約の締結
　電子契約を活用することで、受注（成約）までの期間を大幅に短縮できます。

・AIによる予測・分析
　AIが自動で売上予測を導き出し、案件の失注可能性（リスク）までも予測することができるようになります。そのうえで、失注リスクの高い案件に対してAIが懸念ポイントとネクストアクションを提示してくれます。
　また、当月の売上着地が予算に対し超過するか未達に終わりそうかをマネジャーに提示したり、任意の切り口で売上予測データを分析したりすることも可能となるでしょう。

・報酬（インセンティブ）の管理
　当月の受注進捗やその内容から、営業パーソン一人ひとりの報酬金額について、その現在値や将来のシミュレーションを各人に提示し、モチベーションアップを図ることもできます。

　このように、営業活動のあらゆるプロセスにおいて、デジタル化によって効率化や精度向上を実現するセールステックが出現してきており、特に米国では日々の業務で積極的に活用する企業が増えてきています。

Part 02 戦略的に売上をつくる「セールスイネーブルメント」

　デジタル技術の発展と普及による情報量の爆発的増加、購買プロセスの複雑化、購買者の営業忌避、営業の難易度上昇、さらに少子高齢化による生産性向上の必要性……。こうした背景から昨今は、**営業組織として「狙って」売上を向上させるための、営業パフォーマンス改善策**が注目されています。

　変化の激しい世の中の流れに受動的なスタンスで対応していては、売上目標の達成はどんどん困難に、不確実になっていくでしょう。
　よく営業パーソンはアスリートに例えられることがありますが、圧倒的なポテンシャルを持ち、メジャーリーグで歴史的な活躍を見せるロサンゼルス・ドジャースの大谷翔平選手でさえ、超データドリブンに相対する選手の分析を欠かしません。それによって、輝かしい成績を上げ続けているわけです。営業パーソンも「戦略的に」「狙って（狙った通りに）」売上をつくっていくためには、自身が能動的に仕組みやデータを用いることが重要でしょう。

　そしてそれこそが、近年、日本でも注目され始めている「**セールスイネーブルメント（Sales Enablement）**」という概念です。

▎セールスイネーブルメントの定義とは？

　世界のビジネスシーンでは語られることの多いセールスイネーブルメントという概念ですが、その定義はいくつかに分かれており、さまざまな解釈が存在するのが実情です。

ここではもっとも参考になるものとして、調査会社CSO Insightsによる定義と、マツリカが実施した調査「Japan Sales Report 2023 セールスイネーブルメントの実態調査」において策定した定義を紹介します。

CSO Insightsは、これまで定期的にセールスイネーブルメントに関する調査レポートを発行しており、もっとも包括的に語られていてスタンダードといえるものです。

・**CSO Insightsによる定義**

A strategic, collaborative discipline designed to increase predictable sales results by providing consistent, scalable enablement services that allow customer-facing professionals and their managers to add value in every customer interaction. （CSO Insights「Fifth Annual Sales Enablement Study」より引用）
意訳：予測可能かつ営業成果を向上させるように設計された、戦略的コラボレーションの仕組みのこと。一貫性があり、規模拡大にも対応できる営業組織強化の仕組みであり、営業パーソン(マネジャー)がすべての顧客接点で付加価値を提供することを可能にする。

・**マツリカによる定義**

スケーラブルかつ予測可能な形で、組織的に営業生産性を向上し続けるための仕組み構築。（マツリカ「Japan Sales Report 2023 セールスイネーブルメントの実態調査」より引用）

他方、日本ではほとんどの場合において、必ずしも正しくない認識で「セールスイネーブルメント」という言葉が使用されているというのが現状です。具体的には、セールスイネーブルメントを研修

やトレーニング、ロールプレイング、教育という意味で使っていることが多く、定義のアップデートがなかなか追いついていません。

　これはセールスイネーブルメントという概念における一要素としては、決して誤っていないのですが、セールスイネーブルメントそのものと考えてしまうと、大きな間違いが発生します。

　先に挙げた「Japan Sales Report 2023 セールスイネーブルメントの実態調査」によると、**セールスイネーブルメントを実行している企業のうち、その効果が確認されているのは全体の15％に留まる**ことがわかりました。その原因として、間違ったセールスイネーブルメントの取り組みを行う企業が多く、アメリカで行われている最先端の施策からは**10〜15年遅れ**という状況です。

【図6】10年遅れのセールスイネーブルメント

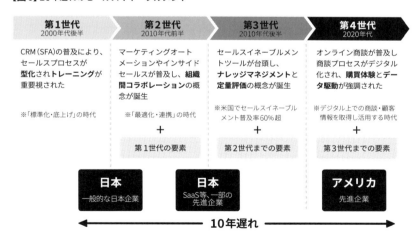

【出典】マツリカ「Japan Sales Report 2023 セールスイネーブルメントの実態調査」

こうした遅れの背景には、セールスイネーブルメントに関連する事業者でさえも、海外で進んでいる研究に基づいた最新の知見をインプットしていない、もしくは自社にとって都合の良いように解釈し、発信してしまっているという実態があります。

なお、先ほど紹介したCSO Insightsの定義さえも、すでにアップデートされたものが出てきていますから、常に最新情報へのアンテナを張っていなければ、世界の潮流から取り残されていくことはいうまでもありません。これは「日本が悪く、海外が良い」ということではなく、世界ではそれだけ研究とナレッジのシェアが進んでいるということです。

また、自社サイトのPV（ページ閲覧数）を得るために、過度なSEO対策によって低品質なWeb記事をリリースすることが少なくない状況も問題でしょう。もはや日本語で検索して調べるだけでは正確な情報にアクセスできず、世界から後れをとる一方なのかもしれません。

体系化したフレームワーク「Revenue Enablement Elements」

日本においてセールスイネーブルメントの取り組みが遅れている要因として、**法人営業に関する中立的・専門的な調査機関が不十分**であるという側面もあります。そこでマツリカでは、海外文献や世界的な調査結果を基にセールスイネーブルメントの全容を体系化し、そのフレームワークとして「Revenue Enablement Elements」を策定しました。

ここでは、もはや「セールス」という一機能に閉ざされた概念ではないため、あえて"Revenue Enablement"としています。

【図7】Revenue Enablement Elements

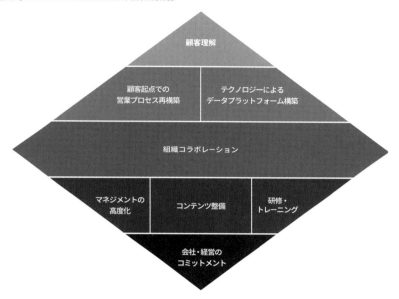

【出典】マツリカ「Japan Sales Report 2023 セールスイネーブルメントの実態調査」

「Revenue Enablement Elements」を構成する要素
・顧客理解
・顧客起点での営業プロセス再構築
・テクノロジーによるデータプラットフォーム構築
・組織コラボレーション
・マネジメントの高度化
・コンテンツ整備
・研修・トレーニング
・会社・経営のコミットメント

　セールスイネーブルメントの実行においては、今まで盲点となってしまっていた部分が特に重要です。まずは、日本企業でよく見られる誤解を、各要素で紹介します。

・誤解①：顧客起点での営業プロセス再構築

「自分たちは顧客起点で営業活動を考えている」という営業パーソンや組織は非常に多いですが、必ずしもそのようにできてはいないのが現状です。

　例えば、いまだに見積書の提出数が営業のKPIになっているような組織は、まさにこれに該当するといえるでしょう。
「営業が見積もりを提示した」というアクションは顧客の購買プロセスに対して、厳密には何の影響も与えません。これは購買プロセスが進んだ「結果として」、顧客から見積もり提出を要求されたので対応したというだけです。見積もりを出したところで、顧客の購買プロセスがその先へと進んでいなければ何の意味もありません。ですから、これを営業プロセスの進捗と捉えるのは、顧客の購買プロセスと合致していないことを意味します。

　このような主語を営業に置いた内容をKPIにしてしまうと「顧客の購買プロセスに関係なく見積もりを提出すれば、KPIが達成される」という誤認が起こるでしょう。これはマネジメントにおけるミスリードです。
　これは「顧客起点」を、「顧客視点」や「顧客志向」のような言葉と混同することによって生まれる勘違いともいえます。顧客視点に立つのも、顧客志向であるのも主語は営業側です。顧客を主語に、"起点"とすることを意識しなければなりません。

・誤解②：テクノロジーによるデータプラットフォーム構築
　例えば、CRMを導入しているものの、営業活動のデータがうまく他の部署で活用されていない、引き継がれていないということがよく生じています。いくらテクノロジーを使ったとしても、本来目

的としている効率化や精度向上が叶えられていなければ、意味がありません。セールスツールを導入しただけで満足してしまう、典型的な誤解といえます。

・誤解③：組織コラボレーション
「うちは隣の部署と仲が良いし、よく喋るからコラボレーションできている」といった勘違いをしているマネジャーも、少なくないでしょう。しかし実際には、テクノロジーによるデータプラットフォームが構築され、デジタルな情報やデータを基に組織としてコラボレーションがなされなければ、意思決定のスピードや情報の正確性の担保はされません。

　もちろん、人と人がアナログ形式で直接的にコミュニケーションをすることも重要です。しかしそれだけでは、他の誰かと情報を随時連携することはできず、拡張性が非常に低い状態です。

・誤解④：研修・トレーニング
　研修やトレーニングを実施している営業組織は多いですが、それだけでは不十分です。「テクノロジーによるデータプラットフォーム構築」がなければ、いくら研修やトレーニングをしたとしても、その効果を測定できないでしょう。

　データプラットフォームが整備されていない状態で研修やトレーニングするということは、受注率や商談リードタイム、商談数、受注単価などのさまざまな営業活動における指標がある中で、そもそも何をどれくらい狙って改善したいのかという目的が明確になっていないということです。つまり、効果指標も費用対効果も決まっていない中で、闇雲に策を講じていることになります。これで成果が出るわけがありません。

また、データを基にマネジメントを高度化していかなくては、旧来的な「気合と根性」の時代へと逆戻りしてしまうというようなことも考えられます。

実際に、マツリカが行った「Japan Sales Report 2023 セールスイネーブルメントの実態調査」では、**データ基盤が不十分な状態での「トレーニング（育成）」や「マネジメント強化」への注力は、目標達成に悪影響をもたらす可能性が示唆**されています。

Part 03 新たな顧客志向の形「バイヤーセントリック（顧客起点）」

　バイヤーセントリック（顧客起点）な営業アプローチとは、顧客となる購買者（バイヤー）の目的や関心、状態、ニーズを中心に据えた効果的なセールスアプローチのことです。

　従来のセールスプロセスでは、販売者が自社の商品やサービスを積極的に主張し、購買者に購入を促すことが一般的でした。しかし現代のBtoB営業では、購買者のニーズや期待に合わせて**パーソナライズされたアプローチ**が求められています。

　バイヤーセントリックな営業の目的は、**購買者がよりスムーズに購入できる環境をつくり出すこと**です。
　日本では元来、何においても「顧客志向」であることが重要視されてきました。それは特に欧米よりも強い傾向にあったように思われますが、前述のような購買者の変化によって、営業活動においても変化の波が訪れています。これにより「顧客の変化に適応しなければ、営業活動をしても売れない」という必要性に迫られ、顧客志向をより強めなければ受注できない状況が、世界的にもコンセンサスを得られる状態になってきています。
　その際、顧客データを活用して、**購買者それぞれにパーソナライズされた営業をしていくということが、CRMのデータやWebアクセスログなどを活用したデジタルなアプローチをするうえで、非常に重要なポイント**となります。
　逆に、そうしたアプローチができなければ、**顧客ニーズを正しく掴むことは難しい**でしょう。

「対面で無駄にヒアリングをされて苦痛」「提供されたものが求めているものと違う」という負担を顧客に与えてしまい、自社のブランド棄損やさらなる営業忌避につながってしまう恐れがあります。

バイヤーイネーブルメントの重要性

　現代における**企業の購買意思決定プロセスは複雑化の一途**を辿っており、購買者が特定の時間軸で商品やサービスの購買を実現する難易度が上がっているといわれています。そのため、前述のセールスイネーブルメントを正しく実践するためには、より一層、購買者の存在に目を向けることが必要不可欠です。

　このような背景から、「**バイヤーイネーブルメント**」という概念が誕生しました。これは、より良い購買の実現に向け、検討〜意思決定までの購買プロセスを支援すること、またはその仕組みや体制を指す言葉です。実際の現場における活動では営業パーソンが購買者に対し、購買に必要なツールや知識（自社製品やサービスに関する知識ではありません）を提供することで、購買をスムーズに実現して成功へと導くことを目指します。また、その前段階ではマーケティング時から顧客が興味を持ち検討をスタートできる状態まで引き上げる必要があります。

　マツリカが実施した「Japan Sales Report 2022 〜Buying Study：購買活動の実態調査〜」では、下記の重要な示唆が得られ、営業パーソンは「信頼できる心強いパートナー」としてバイヤーイネーブルメントを理解・実践する必要があると提言されています。

・良い（購買を実現する）営業は、購買プロセスの支援を行う
・良い（購買を実現する）購買者は、社内外から多くの関与者を巻き込み購買プロセスを進める

ただ、バイヤーイネーブルメントの実践は、営業パーソンにとって簡単なことではありません。
　なぜならば、従来のような営業視点でのアプローチでは経験することも気づくこともなかったような、**購買者側社内での「検討の進め方」や「買い方」を導き、支援する必要がある**からです。

　その支援内容は、社内で合意を得るための根回し方法や、上申の手法、リーガルチェックのプロセス、現場説明の実施に至るまで、多岐にわたります。
　また、**営業活動の中でバイヤーイネーブルメントを意識しようと思っても、そもそも営業パーソンとしての信頼を獲得できていなければ、購買者に「社内で検討を進めます」といわれてしまい、そのプロセスに関わることもできないまま、あっけなく空振りに終わってしまうことでしょう。**

　バイヤーイネーブルメントという言葉自体がまだ新しい概念であることから、セールスイネーブルメントとの対比のように語られる場合もあります。
　しかし、「営業が再現性を持って売れる体制を構築する」という広義のセールスイネーブルメントにおいては、「売れるためには、顧客が買いやすくなる必要がある」という考えが含まれることは間違いありません。
　それはごく当たり前のことですが、顧客が買わないと売上は発生しないからです。

　つまり「顧客が製品やサービスを買うこと」を支援する取り組みであると定義されるバイヤーイネーブルメントは、セールスイネーブルメントという概念の中にある、非常に重要な一部だといえるでしょう。

Part 04 パーソナライズドアプローチの重要性

　テクノロジーの普及によって、営業パーソンはかつて1対1でアナログに届けていた情報を、1対nで複数人に対して一気に拡散できるようになりました。メール配信ツールやインターネット上に公開するコンテンツなどは、その代表的な例です。

　一方でこれは購買者からすると、MA（マーケティングオートメーション）やメール配信ツールから自動配信されるメルマガが増え、メールフォルダをノイズ（不要な情報）だらけとなり、メールの開封率が下がることにつながります。なぜなら、購買者は「自分に最適なコンテンツではない」と判断すると、メールを読まなくなるからです。このように、効率化のために行う1対nのアプローチが普及することによって、逆に効率が下がるということが発生しています。実際にGoogleはGmailにてスパム（迷惑メール）ポリシーを改定し、開封率の低い送信元への対策を強化したり、検索アルゴリズムを定期的にアップデートしたりしています。

　1対nという一見効率的なアプローチが普及したことの揺り戻しとして、今度は「1対1でどれだけパーソナライズされたアプローチをできるか」ということが重要になってきているわけです。そうした背景から、個社に最適化されたアプローチとして**ABM（アカウントベースドマーケティング）** という概念も重要となってきており、狙った1社から受注を獲得するためのアプローチ手法やセールステックツール、職種が生まれています。

　ここで注意すべきことは、個社に最適化されたアプローチをアナログで実行すれば良いのかというと、必ずしもそうではないということです。「**1対1のパーソナライズされたアプローチを、テクノロジーによって効率的に行う**」という時代へと進化しています。

Part 05
生成AIの隆盛による
インパクト

　2023年以降にさまざまな形で出現した生成AIは、その進化スピードが目覚ましく、ビジネスに与えるインパクトも非常に大きなものとなっています。生成AIは営業活動のあらゆる領域にも影響をおよぼしており、今後も活用の可能性が広がるでしょう。

　例えば、顧客の課題について仮説を立てて調べることや、商談の議事録作成、そして顧客からの質問への回答や、提案に対する顧客の反応を探ることも、生成AIによって自動で行うことが可能となってきています。
　これまでは、一定の規則に従った自動化や効率化、示唆出しが主であったAI活用が、より速く、さらには人間に勝るクオリティで思考したり作業したりすることができるようになっています。
　また、生成AIはマイクロソフトなどのグループウェアを主としていたプラットフォーマーが、新たにセールステック領域へ進出するきっかけにもなっています。

　近い将来には、Webサイトや広告のクリエイティブ作成、見込み顧客の抽出、商談事前準備、自動音声によるインサイドセールス、商談アポイントの獲得、商品やサービスの説明、提案の作成、最適な見積もり算出に至るまで、あらゆる業務に生成AIが組み込まれるでしょう。

　そのとき、生成AIをいかに使いこなして、営業活動の質と量を上げていくかは、今からの準備にかかっているといえます。

Part 06 営業活動の持続可能性を考える

　「持続可能性」は、今や世界中の企業・経済・政治において、もっとも重要なテーマの１つとして扱われています。それは営業活動においても例外ではありません。

　例えば、営業先リストの端から端まで手当たり次第に電話をするテレアポや、企業の問い合わせフォームに向けた一斉配信メールなどは、顧客の業務時間を奪い、顧客体験を損失させ、自社の企業ブランドを毀損してしまうアプローチであると認識され始めています。こうした課題は、顧客に最適化されていない、営業パーソン本位の商談も同様です。顧客との持続的な関係性をいかにつくるかは、営業活動における命題ともいえるでしょう。

　また、アメリカの企業では、受注金額に対するインセンティブが強烈であり、IT企業のトップセールスともなれば、日本円で１億円超えの年収を獲得している営業パーソンもいます。さらにRSUと呼ばれる自社株式の付与があるケースも少なくありません。
　その結果、強烈なマネーモチベーションにより、自身に高負荷のストレスをかけてでも売上を伸ばそうとするため、営業パーソンのバーンアウト（燃え尽き症候群）も問題となっています。

　経済全体だけではなく、対顧客、対営業パーソン個人に至るまで、いかにビジネスを持続的なものへとつくり上げていくかは、昨今の社会において重要なテーマであり、これからも長期的な論点になりそうです。

第3章

セールステックの真髄を知る

Part 01 セールステックの定義

　ここまで購買者の変化に適応する必要性や、さまざまなテクノロジーの進化とその影響、そしてテクノロジーを使う必要性といった内容をお伝えしてきました。そうした背景から"営業パーソンが使うべきテクノロジー"こそが、本書のテーマである「セールステック」です。本章ではセールステックの定義や目的から、日本企業の法人営業におけるデジタル活用の実態を明らかにした調査結果の解説や、よくある誤解と正しい考え方について詳しく解説します。

　先述の通り、セールステックとはセールス（Sales）とテクノロジー（Technology）をかけ合わせた造語で、営業生産性を向上させるためのテクノロジーやツール、ソフトウェアを指します。顧客関係管理（CRM）や名刺管理、営業パイプラインの可視化、営業プロセスの自動化など、さまざまな種類のツールが存在し、これらを組み合わせることで、営業組織は効率的に業務を遂行しながら顧客との関係性を強化し、営業活動の成果を最大化することができます。

SaaSにおける3つのメリット

　ビジネスを取り巻く環境変化やDXへの関心が高まっていることにともない、日本国内でもセールステック市場が急拡大しつつあります。特にSaaSと呼ばれる形態のソリューションを中心に、さまざまな場面で有用なツールやソフトウェアが出現しています。

　SaaSとは「Software as a Service」の略で、「サース」または「サーズ」と読みます。直訳すると「サービスとしてのソフトウェア」となり、インターネット経由で提供されるクラウド型ソフトウェアのことを指

します。そのユーザーにとってのメリットを簡単に説明しましょう。

・**SaaSのメリット①：ベストプラクティスを活用できる**
　SaaSは「ベストプラクティスの集合体」といわれ、ユーザーの利用データを基に、常に最適な業務プロセス・機能を構築し、ユーザーへと還元するモデルです。そのためユーザーにとっては、「ゼロから考える必要がなく、さまざまな企業の成功例（ベストプラクティス）を最初から使える」ことが、最大のメリットだといえます。

・**SaaSのメリット②：ソフトウェア開発不要で、導入コスト削減**
　自社が必要としているソフトウェアの機能がある場合、従来は多額の費用を投じて、独自に開発する必要がありました。しかし、SaaSを活用することにより、すでに完成しているソフトウェアを安価に利用できます。
　SaaSの多くは月額制や年額制のサブスクリプションモデルを採用しており、初期費用は少額または不要で利用を始められるため、ソフトウェア開発は不要、あるいは最小限に、導入コストを抑えて高度な機能を素早く導入できる点も大きなメリットです。

・**SaaSのメリット③：常に最新機能を利用できる**
　SaaSのソフトウェアは、サービス提供事業者が常に最新の状態を保っています。アップデートやバージョンアップもサービス提供事業者側で行うため、ユーザー側での対応は基本的に不要です。
　インストール型のソフトウェアだと、自動的にアップデートやバージョンアップに対応することはありません。最新機能を利用したい場合、アップデート作業や新たなパッケージの購入が必要となります。導入後も常に最新機能を利用できる状態が維持されることは、大きなメリットといえるでしょう。

Part 02 営業生産性の方程式と向上方法

　これからの時代に必要なのは、営業活動の"量"を増やすだけでなく、"質"を高めることにも意識を向けるという考え方です。これはすなわち、組織として**営業生産性の向上**に向き合うということにほかなりません。

　営業生産性の計算方法は、もっとも単純に表すと次の通りです。

・営業生産性＝売上÷営業コスト

　つまり「売上を増加させる」もしくは「営業に費やすコストを削減する」ことができれば、営業生産性を向上させることができるわけです。

　この計算式をさらに細分化すると、それぞれで以下のようなアクションが必要となります。

＜売上向上に必要なアクション＞
・「商談（案件）数」を増やす
・「受注率」を高める
・「単価」を高める
・「リードタイム」を短縮する
＊ここでは、提案の１つの単位を「商談」または「案件」と呼びます

＜営業に費やすコストを削減するアクション＞
・営業活動にかける時間を削減する

　これらをわかりやすく表したものが、次の図です

【図8】営業生産性の方程式

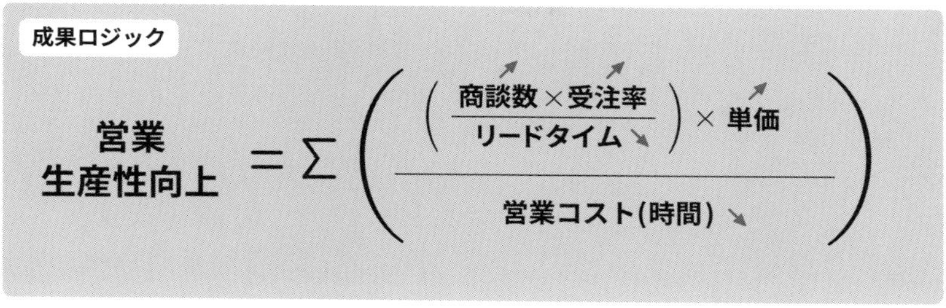

$$営業生産性向上 = \sum \left(\frac{\left(\frac{商談数 \times 受注率}{リードタイム} \right) \times 単価}{営業コスト(時間)} \right)$$

成果ロジック

営業生産性を向上させる具体的な考え方

では、営業生産性を上げるためのアクションとして、営業組織全体でそれぞれ具体的にどのようなことを意識すべきなのかを見ていきましょう。

・「商談（案件）数」を増やす

組織としての商談（案件）数を増やすためには、多くの商談（提案）を同時並行で進める必要があります。各商談情報を整理することで、各営業パーソンが効率的に準備し、対応できる環境をつくらなくてはなりません。SFA（Sales Force Automation）・CRMを使って管理し、各営業パーソンの商談数や商談のステータス（フェーズ）、対応工数を可視化すれば、対応の抜け漏れ防止や適正なアサイン（商談の割り振り）が可能となります。また、商談一つひとつの受注までに掛かるリードタイム（時間）を短縮することによって、対応可能な商談数（保有案件数）を増やすことが可能です。

その他、マーケティングによってリード（見込み）を増やすことなども方策として挙げられます。

・「受注率」を高める

組織全体の受注率向上には、プロセスマネジメントが効果的です。

例えば以下のように、受注までに生じるプロセス（フェーズ）を切り分けて考えられるでしょう。実際のSFA（CRM）を運用するうえでは、以下とは異なるフェーズ名で設定することが多いですが、ここではわかりやすい形にしてご紹介します。

＜プロセスマネジメントにおけるフェーズの例＞
① 見込み顧客
② アポイント獲得
③ 初回面談(ヒアリング)
④ 提案(プレゼンテーション)
⑤ クロージング
⑥ 受注

　このように営業活動を細分化し、漏斗（ファネル）のイメージで「各フェーズが次のフェーズに何％の確率で移行できるか」という歩留まりを集計していくことで課題を抽出し、ベストプラクティスとの差分から実際のアクションを改善していきます。既存顧客営業の場合には、日々の訪問から発生した案件を起点にプロセスを設計すると良いでしょう。

・「単価」を高める
　高単価の大型商談を受注できるようになることは、単価の向上に非常に大きなインパクトがあるでしょう。一般的に、小型案件ばかりの受注が増えると営業利益率は圧縮されやすく、顧客離反が増える傾向があります。そうすると、常に多くの新規案件を受注しなければならず、高度な提案を実施しづらくなり、また価格争いに巻き込まれるなど、営業パーソンは疲弊していきます。
　高単価受注を増やすためには、コンプレックスセールス（≒エン

タープライズセールス）と呼ばれる、主に大企業向けの複雑で長期間にわたる購買プロセスを持つ営業活動における商談を、「**狙って受注できる**」レベルのスキルを獲得することが求められます。

・「リードタイム」を短縮する

　日本企業と欧米企業で特に異なるポイントとして、リードタイム（受注までの所要期間・日数）に対する意識の違いが挙げられます。営業では四半期や半期、あるいは1年という「ある一定の時間軸において、どれだけ売上を上げられたか」を計測することが重要です。

　例えば半年で契約を取れる人と、3カ月で契約を取れる人を比べると、受注率が同じであれば、3カ月で契約を取れる人のほうが2倍の生産性を担保できるということになります。リードタイムが長くなるほど、1人の営業パーソンが担当できる案件数は限られていくので、商談の回転率が下がり、受注数も減少していくのです。

　日本企業ではまだ、指標としては見られることが少ないですが、欧米企業、特にアメリカではセールスベロシティ（Sales Velocity）という案件回転の指標や、リードタイムをどれだけ短縮できるかという指標を重要視しているケースが多くあります。

・営業に費やすコストを削減する

　営業活動におけるコストにはさまざまな要素がありますが、ここでは主に営業活動へ費やす時間に注目しましょう。セールステックの活用によって作業を効率化・自動化することで、業務時間の削減（適正化）が可能となります。

　営業活動にかける時間の中でも、特に重要なのが「ピュアセールスタイム」です。これは顧客と直接的なコミュニケーションをとる時間のことです。

マッキンゼーの調査によると、**日本企業では社内会議やそのための会議資料作成といった直接的な営業活動ではない社内業務の量が、グローバル企業と比較して軒並み多い傾向**があります。つまり、ピュアセールスタイムが相対的に短いということです。

【図9】営業担当者の理想的な時間配分と現実の時間配分

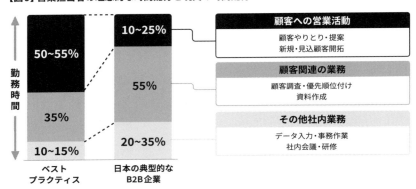

【出展】マッキンゼー「日本の営業生産性はなぜ低いのか」を基にマツリカ作成

このデータから「付帯業務（ノンコア業務）を削減してピュアセールスタイムを増やせば、売上が向上する」といいたいところですが、実はそこまで簡単な話ではありません。

そこで「営業活動に割り当てる時間」について、まずは次のように2つに分けて考えてみましょう。

①ポテンシャル・ピュアセールスタイム：顧客との直接的なコミュニケーションに割り当てることが可能な時間
②ピュアセールスタイム：実際に顧客との直接的なコミュニケーションに費やした時間

これらを鑑みると、「①ポテンシャル・ピュアセールスタイムを最大化すること」と「①ポテンシャル・ピュアセールスタイムのうち、②ピュアセールスタイムへの遷移率を最大化すること」という2つのアプローチが必要であることがわかります。

　②ピュアセールスタイムに含まれない付帯業務が多い日本企業では、上司が「聞いていない」ことを嫌う文化があるでしょう。なかでもDXが進んでおらず、意思決定も遅い組織では、上司への報告や社内調整、関係各所との連携、タスク進捗管理などの、情報共有にあたる作業がアナログな方法で行われているのを散見します。
　これを「巻き込み」といえば、一見聞こえは良いかもしれませんが、実際のところは「伝えました」といえるように"保険"をかけておくことが目的化している、いわば「伝言ゲーム」によるタイムロスが発生しているケースが少なくありません。

　セールステック活用による作業時間の短縮に加えて、これら情報共有のスピードが改善すれば、①ポテンシャル・ピュアセールスタイムの時間が増えます。ここから②ピュアセールスタイムを増やせるかどうかは、商談数を増やすことへのインセンティブ設計次第でしょう。
　単に①ポテンシャル・ピュアセールスタイムを増やしたとしても、成果が評価に反映される報酬設計になっていなければ、営業パーソンはできるだけ楽をする方向にモチベートされ、生産性は向上しない可能性が高いです。

Part 03
法人営業におけるテクノロジー活用の実態

　私たちは日本企業の法人営業におけるデジタル活用がどこまで進んでいるのか、どのようなツールが使われているのかを明らかにすべく、「Japan Sales Report 2022 〜法人営業のデジタル活用実態調査〜」を行いました。その結果を基に、法人営業におけるデジタル活用の実態について整理します。

日本のテクノロジー活用率は圧倒的に低い

　グローバル企業と比較すると、日本企業におけるセールステックツール導入状況には大幅な遅れが見られます。次の図は、CRMの導入状況をアメリカと日本それぞれの企業で調査したものです。**アメリカでは約7割の企業でCRMが導入済みという結果が出ており、日本はこの半数に届きません。**

【図10】日米におけるCRM導入率

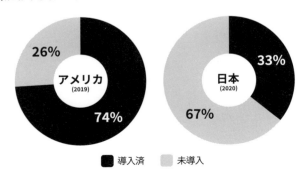

【出典】Stellaxius、矢野総合研究所

セールス領域のDXツールとしては、日本だとCRM（SFA）がもっとも高い導入率をマークしており、世界でも当然、営業DXの本丸だと考えられています。それすらもアメリカをはじめとする海外企業の数値を大きく下回っています。また、日本におけるCRM市場の成長率（CAGR）が5％台ということを鑑みると、**このペースのままCRMの導入が進んでいくとしたら、現在のアメリカにおける水準まで到達するのに10年以上かかる計算になります。つまり、日本の営業組織におけるDXは、企業全体としてのDXよりもさらに遅れている**わけです。

テクノロジーを活用すると売上が向上する

　セールステックの導入と業績の関係性を調べると、「**セールステック導入済企業群**」のほうが、そうでない企業群と比べて売上が成長している会社が多いことがわかります。

【図11】「セールステック導入済群」の方が、そうでない群に比べ売上が成長している会社が多い

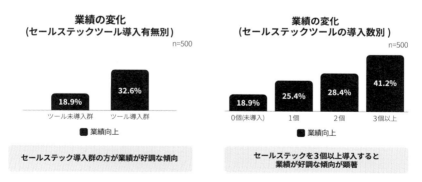

【出典】マツリカ「Japan Sales Report 2022〜法人営業のデジタル活用実態調査〜」

　ここまでの話から考えれば当然かもしれませんが、セールステックを導入している会社のほうが導入していない会社よりも業績が上

がっていく傾向にあり、さらに「3つ以上のツールを使っている」とその差が顕著になります。これは「鶏と卵」の関係でもあり、業績が好調だからセールステックに投資をできているという見方もできますし、セールステックを導入したから業績が伸びているというようにも考えられるでしょう。いずれにしても、**セールステックに投資できなければ、今後のさらなる成長はあまり見込めない可能性が高い**ということはいえます。テクノロジーに適応するかどうかによって、今後の業績、ひいては会社として生き残り、勝ち上がっていけるのかどうかの差が、ますます開いていくでしょう。

テクノロジー活用によって格差が拡大する

　マツリカでは「デジタル化への意識」と「業績変化」の関係について、クロス集計を基に分析を行いました。すると「**業績が不調な企業に属する人のほうが、デジタル営業に適応する必要性を感じていない**」という傾向が見られ、意識の格差は今後さらに拡大していきそうです。

【図12】デジタル営業に対する認識格差が拡大傾向

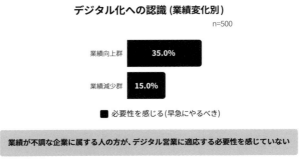

【出典】マツリカ「Japan Sales Report 2022〜法人営業のデジタル活用実態調査〜」

Part 04
セールステックにまつわるよくある誤解

　ここまでを総括すると、「セールステックにはポジティブな効果がある」と考えるのが自然でしょう。しかし、セールステックを導入すれば必ずしも効果が出るというわけではありません。
　そこで、多くの人が陥りがちな、セールステックにまつわる誤解を解説していきます。

誤解①：セールステックは「効率化・業務削減」のため

　前述の「Japan Sales Report 2022 〜法人営業のデジタル活用実態調査〜」では、セールステックの活用に対する期待として「楽になること」という回答が多く、ツール活用に積極的な企業群でさえも組織の高度化や売上向上の実現を望む回答は上位に含まれませんでした。

・セールステックツールの導入に期待すること
　1位：商談のために移動しなくてよくなること
　2位：資料の作成／管理／共有が楽になること
　3位：顧客に関する情報収集がやりやすくなること
　引用：マツリカ「Japan Sales Report 2022 〜法人営業のデジタル活用実態調査〜」

　日本経済全体としては停滞している、もしくは衰退していくと考えられる中でコストを削減しても、それだけで中長期の継続的な成長を実現することは難しいでしょう。
　そもそも**売上を上げることが難しいにもかかわらず、効率化ばか**

りを追ってしまっているのは大きな誤解だといえます。

誤解②：セールステックは「導入すれば売上が上がる」

セールステックとは何なのか、そして何のために使われるのかということを正しく理解していないままに導入してしまうと、誤解①とは逆に、「ツールを使えば売上が上がる」という思考にもなりがちです。

しかし、**当然ながらセールステックを導入するだけで、自動的に売上が上がるということはありません。**

たしかにセールステックには業務を効率化してくれる要素もありますが、それだけではなくデータの蓄積と活用によって、効果的な営業活動を行うための気づき（示唆）を私たちに与えてくれるというのが、大きな価値でもあります。

そのため、自分たちの営業組織が抱える課題起点でセールステックの導入目的を適切に設定し、業務オペレーションの変更を含めた組織的なコミットメントによって、初めてその効果を発揮するわけです。

誤った理解のままセールステックの導入を推進してしまったことで、それをどう使えば売上が上がるのかという、もっとも重要なことがわからないままツールを最大限に活用することができない。その結果、せっかくの取り組みが意味のないものになってしまい、営業組織は成長することなく停滞し続けるという例は、枚挙に暇がありません。

そうならないためにも、セールステックへの正しい理解を深めてから、適切なツールを選び導入する必要があります。

Part 05
セールステックは「型」と「データ」だ

　ここまで述べたように、日本ではセールステックに対して多くの誤解があり、正しい認識が広まらないために効果的に使われていないということがわかりました。
　ここからはセールステックとは何であるのか、そしてどう使うべきなのかについて整理していきます。

　第2章でセールスイネーブルメントについて触れましたが、セールステックの活用で目指すのは**「再現性を持って、かつ予測可能な形で売上を上げ続けることのできる営業組織づくり」**です。

　そのためには、「**型**」と「**データ**」が必要不可欠です。特に型を持っていない営業組織や営業パーソンは、**時計なしで生活している人と同じ**だといえます。例えば待ち合わせをしていたとしても、そもそも時間がわからなければ、遅刻しているのか早く着きすぎているのかがわかりません。**営業も型がないことには正解がわかりません**から、組織あるいは自身の営業活動を何も振り返れません。裏を返せば、**型をつくるからこそ修正すべき点が見えてきます**。

　そして振り返りを行う際には、経験や勘で考えるのではなく、**客観的な事実に基づく**ことが重要です。つまり**質の高いデータを十分な量、集める**ことが必須となります。

　これらによって確実にPDCAサイクルが回り、「狙って」実績を出せるようになります。

前述した通り、多くのセールステックツールはSaaSで提供されており、「ベストプラクティスの集合体」といわれるモデルです。ベストプラクティスであるSaaSのツールに合わせて業務オペレーションを型化・標準化することによって、項目や粒度が統一された、分析・活用可能なデータの蓄積が実現できるでしょう。

その先に、営業活動の成果を定量的に評価し、必要な改善策を迅速に立案し、実行することが可能となります。

型化はゴールではなく、進化の過程

営業の型化というと、「営業パーソンの個性が失われる」「一人ひとりの不満が高まる」「金太郎飴のような営業組織にしたくない」という反応を示す方も少なくありません。

そういいたい意図は非常によくわかるものの、それとこれとは別の話です。

歌舞伎や能の世界で「守・破・離」という言葉があるように、守るべき型なくして、いきなり「破」や「離」には進めません。

似た話に、ピカソのエピソードがあります。彼は1度、正確な写実画を描けるようになってから、その先にオリジナリティやクリエイティビティが表現されたことで、抽象画の独自スタイルが完成され、大変な価値がつきました。これが子どもの落書きとピカソの絵が異なる点で、「守」があり「破」を経て「離」まで到達したアーティストが評価される理由ではないでしょうか。

営業活動においてもまったく同じことがいえるわけです。

例えば、非常にユーモアがあるものの、ビジネスマナーがなっておらず、ヒアリングもプレゼンテーションもうまくできない営業パ

ーソンを想定してみましょう。たしかに一時は話のおもしろさで相手を引きつけるかもしれませんが、仕事上の関係構築はうまくできません。そのような顧客からの信頼を得られない営業パーソンが商談中に冗談をいうと、相手からは「ただの失礼な人」だと評価されてしまうでしょう。

一方で、丁寧に顧客との信頼関係を構築し、良い提案をできるような営業パーソンがまれに冗談をいうと、それは顧客の目に「人間味が溢れていて魅力的な人」だと映ります。

このように、まずは**高いレベルの標準化をしたうえで、初めてオリジナリティを出すことが可能となり、評価に値する**ものになるでしょう。**型化（標準化）とは本来、個人の能力をより強く発揮してもらうためのプロセス**として存在するのです。

本来、営業組織の進化は以下のような段階に分けられます。

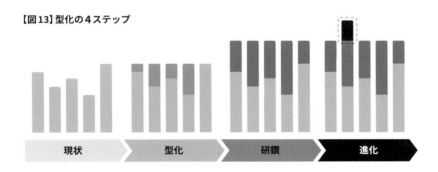

【図13】型化の4ステップ

・現状：成果や能力にバラつきがある状態
・型化：ベストプラクティスの展開で「振り返りの土台づくり」
・研鑽：仮説検証の繰り返しによる「標準の引き上げ」
・進化：個人の特性や強みを活かした「創造性の発揮」

第3章

つまり、**型化はゴールではなく、進化の過程**であると認識すべきなのです。個性豊かな営業組織をつくりたい、という考え方は非常によくわかります。そもそも営業パーソン一人ひとりに独自の手法ができあがっているケースもめずらしくありません。しかし、**まずは型をつくって標準化をするということを諦めないでください。それをせずして、「オリジナリティが阻害される」というようなことをいうのは、ただの言い訳**だといわざるを得ません。

また、「型化」というと、商談における一挙手一投足をルール化し、軍隊のような営業組織を作ることとイメージされるかも知れませんが、その限りではありません。商談のプロセス（進め方）を型化し、面談の終わり方やネクストアクションの合意の仕方、契約プロセスの進め方などのチェックポイントを型化するだけでも大きな効果を得られるはずです。

第4章

セールステックの種類とトレンド

第4章

【図14】Japan SalesTech Landscape 2024

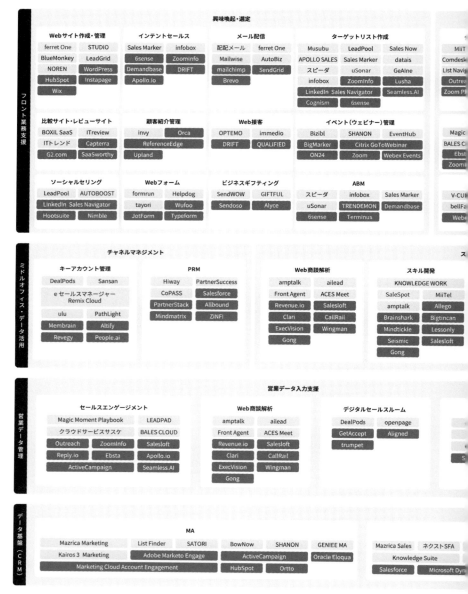

国産ツール　海外ツール

機会・接点創出

日程調整
- eeasy
- TimeRex
- Spir
- immedio
- Jicoo
- Bookrun
- YouCanBookMe
- Calendly
- HubSpot
- Chili Piper

～ジメント
- クラウドサービスサスケ
- Salesloft
- Outreach
- ActiveCampaign
- Seamless.AI

会議
- クラウド商談どこでも SHOWBY
- Google Meet
- Zoom

関係構築・提案

ビデオセリング
- LOOV
- CEOclone
- SENLEN
- Sales Video Analytics
- ON SALES
- Vidyard
- mmhmm
- Loom

デモンストレーション作成
- PLAINER
- Consensus
- Storylane
- Walnut
- Saleo

デジタルセールスルーム
- DealPods
- openpage
- GetAccept
- trumpet
- Aligned

営業プロセスガイド AI
- Magic Moment Playbook
- Mazrica AI
- People.ai
- Aviso
- Clari
- Outreach

資料作成 AI
- Pocta
- Canva
- Prezi

契約

電子署名
- クラウドサイン
- GMOサイン
- freee サイン
- CLOUD STAMP
- ContractS CLM
- DocuSign
- Adobe Sign
- SignNow
- AssureSign

ロイヤル化

コミュニティプラットフォーム
- Commune
- coorum
- Discourse
- Zendesk
- Mighty Networks
- Gainsight
- Circle

社内コラボレーション

プロジェクト管理
- Jooto
- Kintone
- Backlog
- monday.com
- Asana
- Trello
- Notion
- Jira
- Wrike
- ClickUp
- Airtable

ドキュメント管理
- DocBase
- NotePM
- esa
- Stock
- Notion
- Confluence
- Clickup

ビジネスチャット
- Chatwork
- Talknote
- Slack
- Microsoft Teams
- Lark
- LINE WORKS
- Google Chat

パフォーマンスマネジメント

営業スクリプト作成
- Magic Moment Playbook
- UKABU
- Front Agent
- Outreach
- Dooly
- Salesken
- Balto

セールスコンテンツマネジメント
- KNOWLEDGE WORK
- Sales Doc.
- Handbook X
- DealPods
- ノコセル
- GRiX
- Seismic
- Highspot
- Showpad
- ClearSlide
- Bigtincan
- Mediafly

売上予測
- Magic Moment Playbook
- GRAPH
- Mazrica AI
- SALESCORE
- Clari
- Fullcast
- Ebsta
- Aviso
- Gong
- People.ai
- BoostUp
- Anaplan

営業プロセスガイドAI
- Mazrica AI
- Magic Moment Playbook
- People.ai
- Clari
- Aviso
- Outreach

報酬管理
- Xactly
- Spiff
- CaptivateIQ

営業データ補完 & 整備

営業データ整備
- Musubu
- infobox
- Sales Now
- datais
- Sales Marker
- uSonar
- スピーダ
- LeadPool
- Seamless.AI
- 6sense
- LinkedIn Sales Navigator
- Lusha
- Cognism
- ZoomInfo

名刺管理
- Sansan
- SmartVisca
- ホットプロファイル
- Mazrica Sales
- SKYPCE
- mSonar
- CAMCARD BUSINESS

カスタマーサクセス支援
- MagicSuccess
- Arch
- openpage
- Gainsight
- Totango
- Pendo

SFA
- LaXiTera
- JustSFA
- GENIEE SFA/CRM
- cyzen
- Ecrea
- e セールスマネージャー Remix Cloud
- アクションコックピット
- Sales Force Assistant
- UPWARD
- WaWaFrontier
- intra-mart DPS
- Oracle
- Zoho CRM
- HubSpot
- monday.com
- Pipedrive
- SAP Sales Cloud

Part 01 セールステックを網羅的に把握し、理解する

　近年、テクノロジーの進化とともに、驚くべきスピードでさまざまなセールステックが生まれて市場拡大し、営業活動が変化しています。その中で私たちは、どのようなツールを活用し、どのように営業活動を効率化・高度化できるのでしょうか。本章では、日本で営業DXを推進する際に効果的なセールステックツールをカテゴリごとに解説し、さらに1990年代から続いてきたセールステックの変遷と近年のトレンドについても詳しく解説します。

　さまざまなセールステックやカテゴリが加速度的に増えている中、そのすべてを精緻に把握することはなかなか難しく、認知度の高い一部のツール（CRMやマーケティングオートメーションなど）しか知らないという方が少なくないでしょう。また、さまざまなツールを知っていたとしても、カテゴリ同士の関係性や今後発展していく領域、自社に最適なツールの選定方法、情報収集方法まではわからないという人が多くいらっしゃると思います。

　セールステックの進化とそのトレンドをしっかり理解することで、さらなる営業活動の効率化と営業組織の効果的な運営が可能となるでしょう。そこで、**世界基準のカテゴリ分類を参考に、現在、日本で営業DXを推進する際に活用できるセールステックを網羅的にまとめ、どのカテゴリにどんなツールがあるのかをわかりやすく1枚のLandscape（カオスマップ）として作成**したのが前ページの図14です（巻末のQRコードより、LandscapeのPDF版および各カテゴリの解説もダウンロードいただけます）。

これを基に、まずはセールステックという広い領域の全体像を見ていきましょう。

Japan SalesTech Landscape 2024における各カテゴリの解説

Japan SalesTech Landscape 2024における41個のカテゴリについて、それぞれ簡単に解説します。

・カテゴリ①：インテントセールスツール
　代表的なツール：Sales Marker、infobox、ZoomInfo

　顧客のWeb検索履歴など、インターネット上での活動をトラッキングし、そのデータから示唆を得て営業に活用するというツールです。ここで扱うインテントデータとは、何かの「意図」を持ってWeb上で行動したことを表すデータです。例えばWeb閲覧履歴、オンライン広告・メールマーケティングへの反応、ソーシャルメディアのデータなどのサードパーティデータプロバイダーから得た情報と、公開情報、個人のソーシャルメディア情報などを統合し、営業活動におけるターゲティングとアプローチを可能にします。

　このツールを提供するアメリカのZoomInfo社は2021年時点でおよそ2.5兆円という非常に高い時価総額がつけられるなど、海外ではかなり注目度が高く、すでに一般的なツールとなっています。日本においてもSales Marker社などの新しいプレーヤーが出てきており、市場が非常に活況なカテゴリといえるでしょう。

　従来は、マーケティングによるリード獲得がうまくいかない、リストが不足する、アウトバウンドで手当たり次第にテレアポをするも成果がなかなか出ない、ということが多くありました。

　そこでこのインテントセールスツールを活用することで、顧客の

興味関心データを基に興味がある見込み顧客へとアプローチしやすくなったため、営業活動においては効率良く見込み顧客に対応できるようになりました。

顧客側からしても、興味があるタイミングで営業から電話がくれば、顧客体験が向上します。顧客体験を損ねずに成果を出しやすい点から、営業における顕在ニーズが大きく、インテントセールスツールが広がりを見せているわけです。

一方で、このような仕組みが一般化していく際には、営業組織とツールベンダーともに注意が必要です。

個人情報の取り扱いが法的に厳格化されていく社会の流れにおいて、合法な範囲ながらも「どこかへ自身のデータが提供されている」という不信感や、一部企業で要職に身を置く人物への営業活動が集中することは、顧客の営業忌避を加速させる恐れもあります。

・カテゴリ②：ターゲットリスト作成ツール

代表的なツール：Musubu、スピーダ、uSonar

かつては、自社独自のターゲット企業リストやタウンページの企業リスト、求人サイトへの掲載企業リストなどに対し、手当たり次第にテレアポをするということも多くありました。

ターゲットリスト作成ツールを使えば、企業のリストアップだけでなく、一定の条件を抽出してターゲティングをするためのセグメント作成が可能となります。

これにより自社商材に合う顧客層・顧客像を定義してアプローチ先のリストを作成できるようになったため、特にアウトバウンドで活動するインサイドセールス（BDR）のアプローチ効率と打率が向上します。

インサイドセールス（BDR）からすると非常に有用であり、新規営業時に必須ツールの1つにもなっています。

・カテゴリ③：Web接客ツール

　代表的なツール：OPTEMO、immedio、DRIFT

　顧客がWebから問い合わせをする直前にアプローチすることによって、見込み顧客の取りこぼしを防ぎます。
　具体的にはWeb接客ツールを活用することで、自社サイトにアクセスされた段階で、簡易的なヒアリングやアポイントの打診をすることができ、顧客の興味を引き上げてコンバージョン率、アポイント取得率が向上します。

　インサイドセールス（SDR）の非効率な業務を削減しながら成果を向上させることが見込まれ、こちらも海外で流行し、日本でもベンダーが現れ始めています。
　マーケティングとインサイドセールス間のシームレスな橋渡しとなるツールで、インサイドセールスの業務効率化を進めるうえで、非常に重要なツールになっていくでしょう。

・カテゴリ④：名刺管理ツール

　代表的なツール：Sansan、CAMCARD BUSINESS

　海外よりも日本のほうが、名刺交換の文化は非常に強く根付いています。シード・プランニングが実施した調査「営業支援DXにおける名刺管理サービスの最新動向2024」によると、法人向け有料名刺管理サービスの中で、8割を超えるシェアをSansanが持っているとされています。その一方、後発で名刺管理の領域に新しいプロ

ダクトや新機能をリリースするベンダーも多く、非常に多くの企業に浸透して市場が形成されている領域です。

　使い方や目的がわかりやすいため、CRMツール導入の前に「まずは名刺管理だけでも……」と営業DXにおける最初の一手となるケースも少なくありません。

・カテゴリ⑤：クラウド電話ツール
　　代表的なツール：MiiTel、CallConnect、pickupon、Zoom Phone

　これまで当たり前とされてきた、固定電話もしくは携帯電話などを使った「個人対個人の会話に閉ざされた情報」のブラックボックス化を解消します。具体的には、会話の録音や自動文字起こし、話す速度、沈黙・抑揚・顧客と話す割合など、細かな会話分析を可能とし、自社組織内で共有することもできるツールです。
　クラウド電話ツールの活用は、インサイドセールスにおけるトークスクリプトの高度化や、トレーニング・フィードバックの改善を効率的に行うことを可能にしました。そのため、インサイドセールスの価値を押し上げる重要なツールになってきています。

・カテゴリ⑥：Web会議ツール
　　代表的なツール：Zoom、Google Meet、Microsoft Teams

　ZoomやGoogle Meet、Microsoft Teamsに代表されるツールで、コロナ禍を経て多くの企業で導入され、一般的なものとなりました。URLを発行して相手に共有するだけで、PCやスマートフォンから手軽にWeb会議を実施することができるツールです。
　営業専用のツールではないため、厳密にはセールステックではありませんが、営業での用途があるため紹介します。

・カテゴリ⑦：日程調整ツール

　代表的なツール：eeasy、Jicoo、TimeRex、Spir、YouCanBookMe、Calendly

　今や、先進的な営業パーソンの多くが使っているツールです。商談や打ち合わせを行うための日程調整にかかる手間（候補日の提示やリマインド、再調整など）を一度に解消します。
　安価で便利なツールとして、個人単位でも非常に多く活用され、ベンダーとして参入する企業も増えている分野です。

　一方で、いきなりメールに日程調整ツールのリンクを貼って顧客に送ってしまうと、初めての人には失礼に思われるケースもあるので、使い方にはビジネスマナーを考慮した注意が必要でしょう。

・カテゴリ⑧：ビデオセリングツール

　代表的なツール：LOOV、CEOclone、Vidyard、Loom、mmhmm

　Web／メールマーケティングが普及した昨今、そのテキストや頒布する資料などは他社と差別化が難しく、開封されづらくなってきています。顧客からしてもメールマガジンの数や情報量が増えており、そのすべてにしっかり目を通すビジネスパーソンは少数派です。
　そのため、特にBtoC領域において、最近ではYouTubeやTikTokを使った動画による訴求が流行し、情報の受け手側がかける時間と労力を削減するアプローチが主流になってきています。

　このようなBtoC領域の流れと同じように、受け手が受動的に、かつ簡単に情報を取得できる手段として、BtoB領域でも動画を活用した営業・マーケティング手法が注目されています。各顧客にパーソナライズされた動画を送ることによって、より興味を引き、テ

キストよりも見てもらいやすくすることができるでしょう。

　こうした潮流の中で、ビデオセリングツールは動画編集の特別なスキルが不要なツールとして、自身のPCで録画したものを顧客にすぐ送信可能な簡便さもあって広く普及しつつあります。顧客の反応も良いため、海外では商談の前後に30秒程度の挨拶動画を送るなど、活用方法も広がりを見せており、今後の発展に注目したい領域です。

・カテゴリ⑨：セールスエンゲージメントツール
　　代表的なツール：Magic Moment Playbook、BALES CLOUD、LEADPAD

　特定の条件、例えば顧客の状態（検討度合いや提案状況、メール開封履歴など）を加味してメールや電話でアプローチすることができ、さらにどの顧客にどのようなメールを送付するかを自動化するフローを作成・実行できるツールです。
　これによって顧客へのヒアリングやアポイントを打診すべきタイミングでのアプローチ、ナーチャリングを効率化することが可能となり、インサイドセールスの定型業務を飛躍的に効率化させることができます。
　こちらのツールも海外ではユニコーン企業が出てくるなど非常に成長している分野であり、一般的なものとなってきています。

・カテゴリ⑩：セールスコンテンツマネジメントツール
　　代表的なツール：KNOWLEDGE WORK、DealPods、Highspot、Showpad

　営業に必要なコンテンツをクラウドストレージに一元集約し、他者とURLで共有できるうえ、そのコンテンツがどの程度見られたのかをトラッキングできるツールです。

顧客に提供する営業資料や自社のナレッジ、研修用資料などのコンテンツ管理や頒布に活用できます。

　このツールの登場によって、今まで紙で管理されていた資料をデータ化し、提供した資料をトラッキングすることでコンテンツの有効性を測ることが可能となりました。
　また、コンテンツの閲覧数によって営業パーソンがアプローチを変えることにより、個々人が新たに資料をつくる時間や既存の資料・ナレッジを探す時間を大幅に短縮できます。

　この分野も海外ではユニコーン企業が生まれており、多くの会社で利用されています。

・カテゴリ⑪：外勤営業管理ツール
　　代表的なツール：cyzen、UPWARD、SmartDrive Fleet、SalesRabbit

　顧客への直接訪問が中心となる外勤営業において、活用できるツールです。具体的には顧客情報や面談記録の参照、訪問のスケジューリング、最適な訪問ルート計画、外出先からの情報取得・報告を可能にし、内勤時間を削減できます。

　特にルート営業や外勤営業においては、どれだけ効率的に顧客との接点をつくれるかがパフォーマンスの重要な指標である場合が多いでしょう。「顧客接点時間を確保するために業務効率化や管理をしたい」という要望を持つ営業組織において、非常に有用であるといえます。

・カテゴリ⑫：AI資料作成ツール

　代表的なツール：Pocta、Canva

　資料の目的やタイトル、内容、スライドメッセージなどをテキストで指示すると、生成AIによって図を含む資料ができ上がるというツールです。
　この分野は新興市場であり、まだあまり一般的なものにはなっていませんが、AIの進歩により自動生成される資料のクオリティも上がり、営業資料だけでなく、簡単にまとめたい報告資料の作成などにも有効だと考えられます。

　日本における営業パーソンの業務量に占める資料作成時間は多すぎるとされているため、今後の盛り上がりが期待できる領域です。

・カテゴリ⑬：営業スクリプト作成ツール

　代表的なツール：Magic Moment Playbook、UKABU、Outreach、Dooly

　商談を行う際のスクリプト準備やQ＆Aに対して答えを提示するなどの作業を自動化し、準備時間の短縮や商談・架電のクオリティアップを実現することができます。
　どのような順番・内容で顧客に案内をするのか、商談の進め方をパターン化して営業を標準化する、会話内容を採点し改善点を挙げるなどを自動化できるものもあり、組織における営業活動の水準を上げられるでしょう。

・カテゴリ⑭：デモンストレーション作成ツール

　代表的なツール：PLAINER、Consensus、Walnut、Storylane、Saleo

ITツールの営業では、顧客にデモンストレーションを提示する機会が多くありますが、さまざまな課題やニーズを持つ顧客それぞれに合わせて作成していると、設定やデータ作成に膨大な時間を費やしてしまいがちです。これらを解決するために、顧客に最適なデモを短時間でつくり共有することを可能としたのがデモンストレーション作成ツールです。

　また、顧客の反応によって営業パーソンに対して顧客の興味・関心ポイントを示唆したり、顧客に対してサポートや利用支援を行ったりすることで、営業パーソンのデモ準備やサポート業務を大幅に短縮します。

　近年、アメリカのSaaSスタートアップを中心に市場が立ち上がってきており、今後は日本でもSaaSベンダーが増えて市場が形成される可能性があるでしょう。

・カテゴリ⑮：ビジネスギフティングツール
　　代表的なツール：SendWOW、GIFTFUL、Sendoso

　メールやSNSのDMなど、アウトバウンドでアプローチできるツールやチャネルが台頭したり、電話でアウトバウンドコールをするなか、最近では原点回帰で手紙を送るようなケースも多くなってきています。このように各社がさまざまなアプローチを行っていることで、他社との差別化や特別感の醸成が難しくなり、成果につながらないアプローチも増えてきています。

　これらを解決するため、顧客に合わせた商品などの物理的なギフトを通じ、差別化を図ってアプローチの効果を最大化し顧客との繋がりを深めます。

・カテゴリ⑯：顧客紹介管理ツール

　　代表的なツール：invy、Orca、Upland、ReferenceEdge

　特にBtoC領域では、顧客紹介の重要性が強く認識されてきましたが、BtoB領域においても、既存顧客や顧問などによる紹介からの受注率が、他のチャネルと比べて高いことは広く認知されています。
　そこで顧客紹介を促進するために、紹介元に対するサービス情報の共有、誰から紹介があったのかの管理、紹介元に対する報酬の管理など、紹介をモチベートするとともに手間をなくすのが顧客紹介管理ツールです。これをうまく運用できれば強力なチャネルを構築することができるので、紹介案件の多い企業に向いています。

・カテゴリ⑰：デジタルセールスルームツール

　　代表的なツール：DealPods、openpage、GetAccept、Aligned、trumpet

　セールステックにおいては、生成AIに次いで注目度の高いツールと言われ始めています。Go To Market Partners社の調査によると、2022年には前年比で約300％の市場成長が確認されているなど、特にアメリカ市場で一大トレンドになりつつあり、北米・欧州を中心に多くのベンダーが参入し始め市場が形成されました。
　その背景には、パーソナライズされたアプローチで顧客体験を向上させつつ、マーケティング段階でのリードナーチャリング、営業組織における情報共有の効率化や受注率の向上、商談リードタイムの短縮など、多くの効果への期待があります。あらゆる商談情報のハブとなる特性上、次なる営業DXの中核と目されています。

・カテゴリ⑱：営業プロセスガイドAI

　　代表的なツール：Mazrica AI、People.ai、Clari、Aviso

従来は営業パーソンの勘や感覚に頼って商談が進められ、報告がなされることによって、Forecast（売上予測）は着地見込みを下回る、月末に数値がズレるということが少なくありませんでした。
　営業プロセスガイドAIを使うことで、膨大な商談（案件）データを取り込み、AIによって各商談の情報と過去の受失注商談における傾向分析から、失注リスクの判定やリスク回避アクションの提示などが可能となります。これにより、受注確率を向上させて売上予測を下回るリスクを低減し、業績向上に寄与するでしょう。

　日本でもCRMツールの導入と活用率が上がってくると、蓄積されたデータの活用方法として、真っ先に挙がってくる選択肢の1つとなる可能性が高いと考えられます。

・カテゴリ⑲：キーアカウント管理ツール
　　代表的なツール：DealPods、ulu、PathLight、Membrain、Altify、Revegy

　特定顧客の購買シグナルを察知し、組織図上のどこからアプローチすべきかをプランニングすることによって、高度な営業活動を実現するツールです。
　アカウントベースドマーケティング／セリングに代表されるような、重要顧客を1社単位でターゲティングし、確実に受注したいというニーズがある場合に有効です。
　特にアカウント（顧客企業）ごとに専任で営業担当を配置するようなケースにおいて、それぞれに対するアプローチプランや現状を社内共有し、対応方法の示唆を出します。
　主に日本の既存顧客向けアカウント営業と相性が良さそうな領域です。

・**カテゴリ⑳：ドキュメント管理ツール**

　　代表的なツール：DocBase、esa、Stock、Notion、ClickUp、Confluence

　営業に限らず、社内マニュアルの作成や情報管理をできるツールです。営業組織においては、営業オペレーションやノウハウ、議事録などの情報を共有する目的で使われます。
　社内の誰もがすぐにアクセスできる情報として資産化できるため、セールス分野のみならず、一般的にも広がりを見せている分野です。
　営業専用のツールではないため、厳密にはセールステックではありませんが、営業での用途があるため紹介します。

・**カテゴリ㉑：ビジネスチャットツール**

　　代表的なツール：Chatwork、Slack、Microsoft Teams、LINE WORKS

　社内でのメールと比べて、余分な情報をそぎ落としたスピーディなコミュニケーションを可能にするツールです。SlackやMicrosoft Teams、Chatworkでも外部とのチャンネル共有機能が強化されていく流れがあり、ビジネスコミュニケーションにおける社内外のチャット利用は今後、さらに広まっていくと考えられます。

　一方で、コミュニケーションがスピーディになる半面、タイムライン形式で情報が流れていってしまう点はデメリットにもなるでしょう。特に資料の授受が発生する場合はドキュメントツールや、外部と共有するという意味ではデジタルセールスルーム、クラウドストレージのような情報を蓄える形のツールとセットで使うと、より良い効果を生みます。
　こちらも営業専用のツールではないため、厳密にはセールステッ

クではありませんが、営業での用途があるため紹介します。

・カテゴリ㉒：電子署名ツール

　代表的なツール：クラウドサイン、Docusign、Adobe Sign

　日本でもコロナのパンデミックを機に、電子署名が当たり前に使われるようになってきました。受発注契約に関しても電子署名での対応が可能な企業が増え、企業間における契約締結のデジタル化が進んでいます。それにより今まで時間がかかっていた、契約プロセスでの捺印待ち時間が大幅に短縮され、営業生産性の向上につながっているのです。
　こちらも営業専用のツールではないため、厳密にはセールステックではありませんが、営業での用途があるため紹介します。

・カテゴリ㉓：カスタマーサクセス支援

　代表的なツール：MagicSuccess、Gainsight、Totango、Pendo

　IT業界において顧客のプロダクト利用データ、また顧客群全体としての傾向値を分析し、どれぐらい活用されているのか、解約リスクがありそうなのか、という分析と示唆出しをするツールです。
　SaaSプロダクトを提供している会社において、カスタマーサクセス領域で非常に有用なツールだといえます。

・カテゴリ㉔：スキル開発ツール

　代表的なツール：SaleSpot、amptalk、Allego、Mindtickle

　営業パーソンの知識とスキルが現在どの程度に達しているのか、また過去からの推移を測ることができます。さらに、資料や動画の共

有、インプット状況の可視化、確認テストの設計・実行が可能です。
　クラウド電話ツールやWeb商談解析ツールと合わせて利用すると、社内でのインプットやトレーニングがどの程度、現場でのパフォーマンスにつながっているかという効果測定にも使うことができます。

・カテゴリ㉕：報酬管理ツール

　代表的なツール：Xactly、Spiff、CaptivateIQ

　各営業パーソン個人がどの程度の受注成果を残し、それに対してどれぐらいのインセンティブが得られるのかを可視化します。
　報酬の計算処理間違いをなくし、かつスピーディに実行されるため、リアルタイムに営業パーソンが自身のインセンティブを確認でき、モチベートされる効果があるでしょう。

　ただし、日本企業ではこのようなツールを導入する以前に、インセンティブ制度の設計自体がなされていないケースが多い傾向にあります。そのため、外資系を中心とした一部の企業において、海外ベンダーが提供するツールが使われているというのが現状です。
　今後、日本企業におけるインセンティブ制度設計が浸透すれば、日本でも本カテゴリのツールベンダーが生まれてくるでしょう。

・カテゴリ㉖：売上予測ツール

　代表的なツール：GRAPH、Mazrica AI、SALESCORE、Clari、Fullcast、Ebsta

　過去のデータを解析し、現状の売上見込みに対するより高精度な着地予測を実施するツールです。また、失注リスクの高い案件に対してアラートを出したり、必要な売上に対して足りないパイプライ

ン金額を提示したりします。
　CRMツールが日本でも今以上に普及してくると、そこで溜めたデータの活用先として、売上予測ツールが必要になってくると予測されます。海外ではすでに、レベニューインテリジェンスプラットフォームの中核として進化している領域です。

・カテゴリ㉗：営業データ整備ツール
　　代表的なツール：Musubu、スピーダ、uSonar、Cognism、ZoomInfo

　CRMツールを使用する中で、見込み顧客や企業に関するデータの重複や欠損が発生するため、名寄せが必要になることが多くなります。これらを解消するために、データを綺麗にする・補完するといった整備を行うツールです。CRMツールが活用されるほど、必要性の増す重要なツールとなります。

・カテゴリ㉘：セールスチーム・ワークスペースツール
　　代表的なツール：DealPods、People.ai 、Dooly、Scratchpad

　営業組織にとって、社外とのコミュニケーション履歴や案件状況・予定などの情報を、社内とリアルタイムに共有することは肝要です。
　例えば、上司とのコミュニケーション、他メンバーからのフィードバック、関連チーム（プリセールス、技術営業、バックオフィス等）や引き継ぎ先担当との商談情報共有などが該当します。
　セールスチーム・ワークスペースツールを活用することで、情報を効率的に共有するだけでなく、自組織の集合知を営業活動のフロントに立つ人材と共有でき、チームとしてよりクオリティの高い商談を実行できるようになるでしょう。

- **カテゴリ㉙：CRM（SFA）ツール**

    代表的なツール：Mazrica Sales、JUST.SFA、Salesforce、HubSpot、Pipedrive、

    eセールスマネージャーRemix Cloud、Microsoft Dynamics365

　営業の活動情報や顧客の契約情報、企業情報、担当情報に至るまで、営業として必要な情報を一元化し、データとして蓄積するためのプラットフォームです。

　日本でSFA（営業支援システム）と呼ばれるものは、特にアメリカを中心とした海外では広義でのCRMツールとして捉えられることが多く、日本においてはまだまだ浸透する余地があるものの、今までもこれからも非常に重要な「セールステックの本丸」といえます。もともとはSFAという特定のカテゴリであったものの、アメリカのSFA大手SalesforceがSFAに限らずプラットフォーム化する中で、CRMツールというカテゴリを形成していった背景があります。

- **カテゴリ㉚：メール配信ツール**

    代表的なツール：配配メール、Mailwise、Mailchimp、Brevo、SendGrid

　自社の見込み顧客（リード）に対して、一度に大量にメールを配信できるツールです。自社のリードリストの中からターゲットセグメントを抽出し、キャンペーンやイベント情報、新製品の情報に至るまで、一括で案内することができます。

　メールの開封履歴や記載されているURLがクリックされたかどうかを計測することができるため、興味を持っているリードを特定したり、それによって営業活動のアプローチ先リストをつくったりする際に大きなメリットがあります。

一方で、顧客のためにならないメールはノイズになってしまい、配信停止（オプトアウト）をされるので、メールを送るタイミングや回数、その内容については戦略的に設計する必要があるでしょう。

・カテゴリ㉛：Webサイト作成・管理ツール
　代表的なツール：ferret One、STUDIO、WordPress、HubSpot、Instapage

　基本的にコーディングをする必要がなく、自社のプロダクトやサービスに関するWebサイトを簡単に作成できるツールです。自社の企業情報や商品・サービスの情報のみならず、有益な記事や情報をコンテンツとして掲載することで、そのページ自体に集客する仕組みを構築できます。
　テンプレートが豊富でデザイン性が高く、ビジネス的な集客をするうえでのノウハウがプロダクトに搭載されているため、ゼロからWebサイトを制作するよりもスピーディに、綺麗なものをつくることができる場合もあります。

・カテゴリ㉜：Webフォーム作成ツール
　代表的なツール：formrun、Tayori、Helpdog、Wufoo、Typeform、JotForm

　アンケートや、自社のサービスサイトあるいはランディングページにおける問い合わせの窓口となるツールです。
　主な使い方の1つとして、コンテンツマーケティングなどのインバウンドマーケティングにおいて、見込み顧客の情報を取得することが挙げられます。

- カテゴリ㉝：MA（マーケティングオートメーション）ツール

　代表的なツール：Mazrica Marketing、SATORI、SHANON、HubSpot、
　　　　　　　　　Adobe Marketo Engage、Marketing Cloud Account Engagement

　自社の見込み顧客に対してのメール配信、配信シナリオの設計、スコアリング、自社コンテンツへのアクセス通知、ホットリード（興味関心度が高い見込み顧客）の抽出などが可能です。
　毎回、手作業で行っていたメール配信を自動化するだけでなく、顧客の検討フェーズに合っていなかった情報の一括配信を、ある程度パーソナライズして送信できるようになります。
　保有している見込み顧客の数が一定以上ある場合、非常に有効なツールでしょう。

　CRM（SFA）ツールの次くらいに歴史のある営業DXツールの1つで、非常に認知度も高く、活用している会社も多くあります。ただ、専任の運用担当者がいないとうまく活用できないケースも少なくないため、注意が必要です。

- カテゴリ㉞：イベント（ウェビナー）管理ツール

　代表的なツール：Bizibl、Eventhub、ON24、BigMarker、Zoom

　ウェビナー（オンラインセミナー）集客を目的とした簡易的なページ作成、ウェビナー配信機能、アンケート機能を備えているツールが多いです。参加者リスト、ウェビナー滞在時間、アンケートの回答などを集計し、施策の有効性や参加者の中でアプローチすべき見込み顧客のリスト抽出などが可能となります。
　定期的にウェビナーを開催する会社では特に費用対効果が高く、有効なツールだといえるでしょう。

・カテゴリ㉟：コミュニティプラットフォームツール

　代表的なツール：Commune、coorum

　多くの顧客を抱える会社では特に、一斉に顧客周知をしたり、顧客にフィードバックを求めたり、顧客のエンゲージメント向上を図ったりすることが非常に難しいという課題があります。コミュニティプラットフォームツールは、これらを解消する機能を多く備えたものです。

　顧客コミュニティを形成し、資産化していくことで、顧客のリアルな声を集めてサービスや製品の改善につなげていったり、顧客の満足度を向上させる施策を打ったりすることを容易にします。

・カテゴリ㊱：ソーシャルセリングツール

　代表的なツール：LeadPool、AUTOBOOST、LinkedIn Sales Navigator

　ミレニアル世代以降の多くは当たり前にSNSでの発信や情報取得を行う時代になっており、特にアメリカだとLinkedInはビジネス用SNSとして活発に利用されています。

　ビジネス用SNSであるため、営業アプローチにも積極的に利用されますし、SNSという特性上、個人対個人のアプローチが可能です。さらに自身の発信によって自分のことを相手にインプットしたり、顧客の発信によって顧客の志向性を把握したりすることで、個人対個人のアプローチをより行いやすくなる特性があります。

　うまく使えば、見込み顧客から信頼を得られた状態で、ストレスなく商談創出を可能とするため、非常に注目されています。

　その一方で、SNS上でまったく関係を築けていないにもかかわらず、手当たり次第にアポイント打診のダイレクトメッセージを送っ

てしまうと、それはむしろ企業ブランドを毀損することに直結するでしょう。顧客体験としても非常に悪いため、運用には一定のリテラシーとルール設計が重要となります。

・カテゴリ㊲：比較サイト・レビューサイト
　代表的なツール：BOXIL SaaS、ITreview、ITトレンド、G2.com

　昨今では自身の体験をインターネット上に公開することは一般的であり、BtoC領域ではAmazonのレビューなどが特に有名です。こうした流れは、BtoB領域にも浸透してきています。
　TrustRadius社の調査によると、BtoB購買者のレビューサイト利用率は2024年時点で49%であり、非常に重要な手段になっています。企業からすると、顧客との接点を持つ前に質の良い情報を届けるべく、ポジティブなレビューを集めるということは重要なマーケティング施策になるでしょう。
　すでにこうしたレビューサイトは国内外にあり、これからも多くの業界でさまざまなプラットフォームが生まれてくると考えられます。レビューサイトの中ではインテントデータが取得され、どんな顧客がどのような製品を検索しているのか、といった情報も収集できる場合があります。

・カテゴリ㊳：ABMツール
　代表的なツール：スピーダ、infobox、Sales Marker、Demandbase、6sense

　ABM（アカウントベースドマーケティング）とは、不特定多数の営業アプローチやマーケティングアプローチが限界を迎える中で、自社がターゲティングした営業先に対して個社別にアプローチをしていく概念です。ABMツールは、それを実現可能にするた

めに必要な情報を搭載し、効率的に行えるようにしたツールです。

　例えば、企業の財務情報から人事情報、資金調達や株式市場における状態に至るまで多角的に情報収集し、顧客を分析します。どの部署の、どのようなテーマに対して課題がありそうか、という仮説立案や営業準備を効率化・高度化できるでしょう。

・カテゴリ㊴：PRMツール
　代表的なツール：Hiway、PartnerSuccess、CoPASS、PartnerStack、Allbound

　特に日本社会においては、販売代理店や商社などの代理店ビジネスという商習慣が強いという特徴があります。販売網を拡充するために必要な販売パートナーとの関係性管理、契約情報、活動状況などの情報管理は非常に面倒であり、PRM（パートナーリレーションシップマネジメント）ツールはこれらを効率化するものです。

　パートナー企業とうまく連携することによって、営業パーソンを支援したり、見込み顧客リストを増加させたりするなど、これまでアプローチできなかった顧客の獲得を可能とします。

　直近の日本市場でも、この領域のプレーヤーが現れ始めており、日本市場の特性と合致すれば、今後の成長ポテンシャルが大きな市場となりそうです。

・カテゴリ㊵：プロジェクト管理ツール
　代表的なツール：Jooto、kintone、Backlog、monday.com、Asana、Trello、Notion

　顧客から持ち帰ったタスクや、社内タスク、日々のToDoや、複雑で大きなプロジェクトの管理をできるツールです。

　営業においては受注後であれば、顧客と共有でプロジェクト管理ツールを使うケースや、受注前から使う場合にはデジタルセールス

ルームの中でタスク管理機能を活用して購買の検討推進を進めていくケースもあります。

営業専用のツールではないため、厳密にはセールステックではありませんが、営業での用途があるため紹介します。

・カテゴリ㊶：Web商談解析ツール

　代表的なツール：amptalk、ailead、Front Agent、Salesloft、Gong

　Web会議ツールから音声・録画データを取得し、それぞれの話者を識別しながら議事録を自動で文字起こしし、商談内容の分析を行い営業パーソンの改善点抽出や効果的なコーチングを実現することができるツールです。簡易的な議事録であれば人力での作成は不要となり、工数削減につながるでしょう。

　また、商談時に話したスクリプトがどの程度効果的だったか、どのような改善が必要なのかについて、動画データとテキスト、レポートで可視化されるため、一つひとつの商談を振り返りやすく、営業パーソン個人の育成にも効果を発揮します。

Part 02 海外におけるセールステックトレンド

　日本のセールステックは、この数年間で急激に増加してきました。海外でも同様に、**この10年程度で一気にセールステックが増えてきた**印象があります。

　なかでもSaaSサブスクリプションタイプのセールステックは、1999年にSalesforceがアメリカ・サンフランシスコで生まれたことに端を発する市場です。しかし元を辿ると、それ以前にはSiebel Systemが提供するSiebelなどのようなCRMが存在しており、意外と歴史は古いのです。セールステックは長く、時代とともに顧客データの利用方法やオペレーションなどを進化させ、営業活動の効率化と高度化の実現を支援してきました。ここでは、1990年代からの変遷を紹介します。

時代とともに変化してきたセールステック

＜1990年代～＞

　最初期に登場したセールステックは、SFA／CRM（顧客管理システム）だといわれています。CRMの始まりは1980年代と言われ、その後の1990年代は企業が顧客関係管理という概念に注目し始め、CRMツールが多く登場した時期でした。

　実際に広く浸透していったのは2000年代以降ですが、すでにこの頃から企業が顧客情報を管理することを目的としてCRMを使い始めたということが、現在でも多くの企業においてあらゆる情報がCRMに蓄積されている背景となっています。

　この時期のCRMは、顧客情報を一元管理することで、営業活動

の効率化を図るものでした。それによって、フェーズ（営業のプロセス）を細分化し商談の進捗状況を管理するという考え方が生まれました。また、契約予定日までに受注できそうかという進捗確認や顧客との面談記録蓄積、顧客の属性情報整理・分析などが効果的に実行可能になりました。

つまり、どうすればもっと売れるのか、そしてどの程度の売上を上げることができるのかということを、感覚ではなくデータとロジックを基に考える時代が到来しました。

・代表的なツール（企業）：Siebel、Salesforce
・取得可能なデータ：顧客・営業データ

余談ですが、日本におけるCRMの歴史は西暦1600年代にさかのぼり、江戸時代に栄えた越中富山の薬売りが使っていた顧客台帳が起源であるともいわれ、非常に古くから重要視されています。
現代の企業がDXに難航し、CRMへの活動履歴が蓄積されていないケースは、400年前と比べて進化していないという評価もでき、それではDXはおろか、企業としての成長も難しいでしょう。

<2000年代～>

CRMの市場台頭から少し遅れ、MA（マーケティングオートメーション）が台頭し始めたのが2000年代です。

インターネットの普及によって、顧客のWeb上における活動をトラッキングし、そのデータを使って営業のアプローチを変えたり、提供するコンテンツを出し分けたりすることができるようになりました。特に営業から独立してマーケティング組織が存在する会社では、積極的に導入されるようになり、2010年前後には広く浸

透していきます。

　主にマーケティング段階で活用されるMAと、主にフィールドセールスで活用されるSFA／CRMを合わせて、マーケティングから受注までを一気通貫でテクノロジーがカバーし始めたということが、1990年代から2000年代にかけての特徴です。

・代表的なツール（企業）：Eloqua、Marketo、HubSpot
・取得可能なデータ：Web閲覧ログ

＜2010年代前半〜＞
　2010年代前半には、ABM（アカウントベースドマーケティング）とインテントデータの市場が台頭してきました。ABMの概念自体は1990年代から提唱され始めていましたが、MAにより不特定多数・特定多数の人々へアプローチできるようになったことを受けて、今度はその揺り戻しで、パーソナライズされたアプローチの重要性が注目され始めたのです。

　企業の情報だけでなく、実際に1人の顧客がWeb上でどのように自社のコンテンツへアクセスをして、何に興味を示しているのかということを具体的に知ることによって、営業パーソンがより最適な提案をできるという「営業活動の高度化」が可能となりました。ただ純粋に顧客志向であるということではなく、顧客が何に興味を示しているのかをデータとして捉え、それを営業に反映させることができるようになってきた時代です。

・代表的なツール（企業）：ZoomInfo、6sense
・取得可能なデータ：検索ログ

第4章

<2010年代後半～>

　マーケティング領域では「これまでどのように顧客が行動したのか」というデータを、一定程度取得できるようになりました。一方で営業パーソンが介在するプロセスに入ってしまうと、途端に情報がブラックボックス化されてしまう現象が課題となりました。

　営業プロセスにおける情報蓄積は、基本的にCRMで行われます。CRMで扱うことができる情報は、営業パーソン一人ひとりが「顧客とどのような話をしたのか」「顧客に対してどのような活動を実施したのか」を社内に持ち帰り、自社に報告するために記すことで得られます。すなわち、営業プロセスにおいてCRMに情報が入力されていないと、情報がブラックボックス化されやすかったのです。

　ここで、人と人とが会話ベースでコミュニケーションをとるシーンにおける情報のブラックボックスを解消することが注目されます。それこそがカンバセーションインテリジェンス（Web商談解析）です。これにより、Web会議ツールなどで取得した商談動画から会話データ・音声データを抽出・分析することが可能となりました。

　例えば「適切に案内できているか」「営業トークが刺さっているのか」「適切にヒアリングできているか」「顧客の反応はどうなのか」といったことを、データを基に可視化します。

　その結果、会話における適切なスピードや話す割合、避けるべきフレーズなど、商談をより効果的に進めるための示唆を「会話」から得ることができるようになりました。

・代表的なツール（企業）：Gong、Chorus.ai
・取得可能なデータ：会話ログ

＜2020年代〜＞

　営業には「接触時間」（同期コミュニケーション）と「非接触時間」（非同期コミュニケーション）が存在します。「接触時間」は電話や面談のように直接顧客とやりとりしている時間が該当し、この時間における情報は前述のカンバセーションインテリジェンスを中心として取得可能になりました。

　他方、「非接触時間」は「面談と次の商談の間」などが該当します。例えば、1週間で2回の面談を行い、その間に3日間空いた場合、この3日間の情報を取得することは難しかったのです。

　その非接触時間における顧客情報をどうやって取得するのか、ということが重要視され始めたことで、デジタルセールスルームの概念が出現しました。顧客と共有するページの中で、**相手の誰が何にどの程度の興味を示し、何回アクセスしているのか、どのページをどのくらいの時間閲覧しているのかといったことが、常にわかる**ようになりました。

　また、デジタルセールスルームを通じて、非接触時間にも顧客との情報共有や連絡が可能なデジタルスペースを用意しておくことで、継続的な興味喚起・接点の確保ができるようになりました。

　このようにマーケティング段階のデータ、営業における接触時間と非接触時間両方のデータを活用でき、さらにツール上で購買者の窓口を持てる時代の訪れです。

・代表的なツール（企業）：GetAccept、DealHub
・取得可能なデータ：営業と購買検討の活動ログ

<総括>
　購買者はデジタルに情報を取得し、デジタルに購買を進める傾向が加速しています。(Gartnerの調査「The Future of Sales」によれば、**2026年には営業と顧客のやりとりの80%がデジタルチャネルにて行われる**と言われています) デジタルツールを活用して、顧客のことをより理解し、顧客のために最適化された提案をすることによって、営業パーソンは人間としての介在価値を最大化することができます。裏を返せば、**デジタルを活用していないということは、「顧客を理解できていない」ことと同義**であるという時代になってきています。

　近年では、「顧客のことがわからない」「組織から見て営業パーソンが何しているかわからない」といったブラックボックス化してしまう現象・領域に対して、次々とテクノロジーのメスが入り始めました。当然、このようなテクノロジーが出てくると、データを使ってより高度で最適な、優れた提案をできる営業パーソンが強く存在感を増していくでしょう。

　一方でデータを活用できない営業パーソンは、データを活用する営業パーソンにどんどん差をつけられてしまいます。**セールステックは均質化・標準化するといった用途があるものの、現実問題としてはそれをうまく使うか使わないかによって、むしろ格差を助長するようなツールにもなり得る**ということを忘れてはなりません。

近年のセールステックトレンド

・トレンド①：ツール数の増加
　近年、セールステックのツール数は急激に増加しています。アメリカでセールステック事業を行ってきたナンシー・ナーディン

氏が毎年更新していた「Enterprise SalesTech Landscape」では、**2017年に約400のテクノロジーがリストアップされていましたが、2018年には約500、2019年には約600、そして2021年以降には1,000以上のテクノロジーが掲載されています。**この流れは、営業活動を支援するための多様なニーズに対応するためでしょう。

・トレンド②：カテゴリの新設・細分化
　セールステックの進化とともに、そのカテゴリも新設・細分化されています。これにより、企業は自社のニーズに最適なツールを選択できるようになりました。

・トレンド③：カテゴリの統合
　セールステックの数とカテゴリが飛躍的に増えていく一方で、分類が乱立してしまっているという状況になりました。結果的にツールがサイロ化され、現在はその揺り戻しで「**ROP（レベニューオーケストレーション・プラットフォーム）**」や「**レベニューイネーブルメント・プラットフォーム**」、「**レベニューインテリジェンス・プラットフォーム**」というカテゴリが注目されています。

　ROPは、アメリカの大手調査会社Forresterから発表された概念です。その中心はレベニューインテリジェンス（アメリカのGongやClariなど）とカンバセーションインテリジェンス（日本のamp-talkやaileadなど）、セールスエンゲージメント（日本のBALES CLOUDやMagic Moment、LEADPADなど）領域で、それらを統合していく流れと目されています。

　一方でレベニューイネーブルメント・プラットフォームは、Gartner社を中心に立ち上がりつつある概念で、こちらはカンバセーションインテリジェンスとセールスコンテンツマネジメント、デ

ジタルセールスルーム、セールストレーニング＆コーチングのカテゴリを包括、もしくは統合するものです。
　ROPと重複するカテゴリがあるのは、まだ概念として確立していないためでしょう。

　また、CRMを中心としたレベニューインテリジェンス・プラットフォームという概念では、レベニューインテリジェンスツールの領域にセールスフォーキャスト＆レポートやデータクレンジング＆アペンド、AIガイドセリングの領域も入って統合されていくと思われます。
　このようにカテゴリが統合されることで、より大きなセールスデータが集約される領域では、特にAIの活用が大きな効果をもたらすことになるでしょう。アメリカではすでに、それらのツール企業群内での買収が活発化しています。
　これらはいずれも、まだ未成熟の概念ではありますが、大きく捉えると以下のような流れが見えてきます。

1. カテゴリが統合されたプラットフォームとなっていく
2.「営業組織内のデータ整備と蓄積、活用の領域」と「顧客との接点におけるデジタル化と効率化・高度化」という大きな2つの分類に収斂されていく

　今後の動きによっては、CRM領域の代替もしくは進化に発展し得る非常に興味深いトレンド形成です。いずれにせよ、**細分化されたセールステック領域や組織体制（The Model型→Pods型など）を含め、大きな統合の流れができ始めていることは間違いありません。「統合」、その先にあるテクノロジーやデータを活用した「コラボレーション」が、今後の一大キーワード**になるはずです。

【図15】セールステック市場の展望

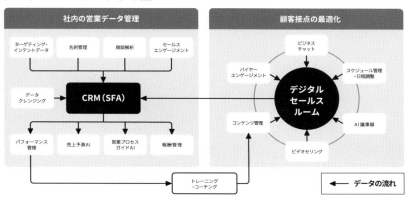

・**トレンド④：AI・自動化、購買者データ**

　シナリオを基にした、定型業務の自動化が劇的に進んでいます。

　例えば、オートメーションツールを使って、メール送信やタスクの割り当てを自動化することが可能となりました。また、テクノロジーの進歩によって生成AIを活用した自動化も進んでおり、ターゲットリスト作成やチャットコミュニケーション、AI自動電話などのツールが登場しています。

　加えて、顧客がWebやテクノロジーを利用することで得られるデータの活用も進んできています。

　例えば、インテントデータを活用することで、顧客の購買意欲を予測し、効果的なアプローチを行うことが可能です。同様にデジタルセールスルームやPLG（Product-Led Growth）ツール、デモ構築ツール、カンバセーションインテリジェンスなどのツールでは**顧客のログがデジタルに取得され活用**されています。

　このように、テクノロジーは驚くべきスピードで進化を続けています。営業パーソンがより専門的な知識とスキル、豊かなキャリアを得るためには、これらに**すばやく適応し、テクノロジーを活用する側に回ること**が重要だといえるでしょう。

第5章

営業組織における職種と体制の変化

Part 01 営業関連職種の細分化

セールステックと営業組織の体制は密接に関わっています。セールステックの進化にともない、実行できるオペレーションや扱えるデータが高度化し営業活動における個人の役割は細分化され、それによって組織体制も複雑化しています。

逆に、個人の役割や職種の細分化により、営業活動に関連する業務の専門性が高まったことで、それに合わせてセールステックが進化してきたという側面もあります。

本章では、データの増加とオペレーションの複雑化によって生まれた営業関連職種と、それらをまとめる営業組織としての代表的な形態について解説します。

・インサイドセールス

テクノロジーの発達でセールステックによる多くのソリューションが生まれ、新たなカテゴリがつくられてきました。代表的な例の1つとして、マーケティングとセールスの間に、**インサイドセールス**という職種が誕生しています。インサイドセールスは主に見込み顧客へ効果的にアプローチし、実際に商談を行う営業パーソンへアポイントをつなぐ役割を担います。主に電話やメールを通じて見込み顧客と接触し、初期段階での関係構築を行います。これはMA（マーケティングオートメーションツール）の普及と密接に関わっています。

インサイドセールスの中でも**SDR（セールスデブロップメントレプレゼンタティブ）** と呼ばれる職種は、顧客からの問い合わせ主導であるインバウンド対応が基本となります。その中には非常に

高度な業務を行っている人材もいる一方、SDRとは名ばかりで、ただの受付対応になってしまってるケースがあることも事実です。そのようなSDRは今後、AIに仕事を奪われる可能性が高いでしょう。

SDRの中でも戦略性のあるアプローチができる人材や、より顧客に最適化された知識を持って対応できる専門的な人材だけが残っていく、ということがあるかもしれません。

他方、インサイドセールスの中でも**BDR（ビジネスデベロップメントレプレゼンタティブ）**と呼ばれる職種では、企業とのビジネス機会を創出する役割を担います。

ターゲットとなる企業と接触して商談の機会を見つけ、営業プロセスにおける初期段階を担当します。BDRは新規市場開拓や新たなビジネスチャンスの発見に重点を置いています。

関係性のない状態から顧客へアプローチをしていくことを考えると、顧客の機微を捉えた最適化など、営業パーソンとして人間的な部分が強く求められる側面があります。アプローチのシナリオを考えたり、相手の趣味嗜好に合わせたメッセージを送ったり、凝った工夫をできる専門的なBDRは今後、その価値がより高くなっていくでしょう。

・セールスオペレーション、レベニューオペレーション

また、さまざまなセールステックが出現し、CRMを中心に多くのデータが蓄積されたことによって、その分析の切り口も複雑化しています。そこで、営業組織におけるブレインのような役割として、**セールスオペレーション（Sales Ops）**や**レベニューオペレーション（Rev Ops）**と呼ばれる職種が誕生しました。これらの職種では、データを軸に営業組織の効率性と生産性を向上させるための戦略とプロセスを管理し、多忙なセールスマネージャーを支援します。

元来、日本企業で営業企画と呼ばれる部門が担ってきた役割の一部で、それが切り出されて、より高度化している印象です。

・セールスイネーブルメント

　さらに、営業パーソンがより効果的に業務を遂行できるよう支援する役割として、セールスイネーブルメント（Sales Enablement）が誕生しました。セールスイネーブルメントはトレーニングやコンテンツ管理、ツールの提供、オペレーション構築、セールスオペレーションと連携したボトルネック把握と打ち手の立案などによって、営業組織全体が常に最新情報とスキルを持つことを支援します。

　この領域も営業企画や研修・人材開発部門が担っていた役割が、データを基に高度化している印象です。

・カスタマーサクセスマネジャー

　近年では、既存顧客の満足度と継続利用を促進する役割を担う、CSM（カスタマーサクセスマネジャー）もSaaS企業を中心に増えています。CSMは自社商品やサービスの利用による顧客の成功を支援し、長期的な関係を構築することを目的とするものです。顧客のニーズを把握し、適切なサポートとフォローアップを行います。具体的にはオンボーディングと呼ばれる、顧客が製品をスムーズに使い始めるための支援を行ったり、より広く使ってもらえるような工夫をしたり、解約（顧客離反）率低減の責任を負ったり、顧客の状態を常に可視化したりするなどの役割を担います。SaaS企業の多くですでに採用されており、事業成長における重要な役割だと認識されていますが、それ以外の企業ではまだあまり浸透していないのが現状です。

　また、CSMの登場により既存顧客へのサポートは充実する一方で、積極的な仕掛けによる深耕営業がしづらくなる傾向もあり、さらなる職種としてカスタマーセールス（既存顧客向け提案営業）を新設する会社も増えています。このように、目的に応じた専門性を備える職種として、営業職が細分化されるようになってきました。

Part 02
代表的な組織体制と連携の重要性

　営業関連の職種が細分化したことにより、**組織体制が複雑化・サイロ化してしまう**ことは少なくありません。その状態で事業を進めていくために部分最適へと陥ってしまった結果、各部門間で摩擦が生じやすくなりました。そのため、分断されているツールやデータ、組織をいかにうまく連携させ、売上向上や顧客の成功といった共通のベクトルへ向かうか、組織全体で同じ目線を持てるかどうかということが、非常に重要になってきています。

　このように、**セールステックの進化は営業関連職種の細分化のみならず、組織形態に対しても強く影響をおよぼしています**。そこで、どのような組織体制があるのか、代表的なものを紹介します。

The Island型

　各営業パーソンが見込み顧客の獲得から新規案件の受注、さらに既存顧客の深耕までを一気通貫で対応する営業組織が「The Island型」です。古くから日本における営業組織の主流となっている形で、現在もこのような構造がもっとも多く見られます。

【図16】The Island型

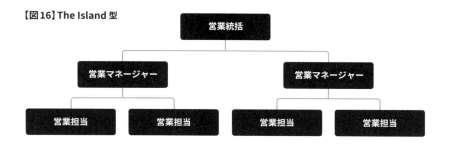

この営業組織のメリットは立ち上げや管理を行いやすく、営業プロセス全体を各営業パーソンがすべて担うので、顧客との深い関係構築ができるということです。また、1人が担当する範囲が広いため、ジョブ型ではなく総合職としての採用を行い、時間をかけて育成し、広く業務を勉強するという意味では、日本企業との相性が良いのかもしれません。

一方でデメリットとしては、営業組織の人数が多くなってくるとKPIが多くて追い切れなくなる、マネジメントしきれない、パフォーマンスのばらつきが多く出る、育成期間が長くなるといったことが挙げられます。

The Assembly Line型

続いて、日本では「The Model型」といわれることが多い「The Assembly Line型」です。これは営業プロセスを機能ごとに分けて専門化する組織形態で、リードジェネレーション（見込み創出）を担当するマーケティング、商談を獲得するインサイドセールス、商談を推進するフィールドセールス、契約開始後の利用定着を支援するカスタマーサクセスなど、各機能に特化したチームがそれぞれの役割を効果的に遂行することで、組織全体としての効率を高めます。

【図17】The Assembly Line（The Model）型

この体制のメリットは、**分業化によってそれぞれの目標と責任範囲が明確になり、わかりやすく実行しやすいプロセスを構築できる**ことです。**各担当者は自身の業務に専念できるため、専門性も高まる**でしょう。さらに部門業務が明確なため、営業プロセスのボトルネックがデータによって可視化され、明らかになります。

一方でデメリットとしては、各部門の目標が異なるため、**部分最適に陥りやすく、部門間の連携に問題が生じる可能性**があります。例えばインサイドセールスが無理やり取ったアポイントで営業が疲弊する、フィールドセールスが無理やり受注した案件でカスタマーサクセスにトラブルが起こる、インサイドセールスやフィールドセールスとカスタマーサクセスがうまく連携できていないことによって、顧客情報や受注の背景などが伝わっておらず、クレームに発展するようなケースも起こり得ます。

The Pods型

最後が「The Pods型」です。営業組織を複数の小規模なグループ（Pod）に分け、それぞれが独立して目標を達成するために活動します。前述のThe Assembly Line型と異なるのは、分業化された役割ごとにチームをつくるのではなく、各Pod内に分業化された人材を配置する点です。

各Podは3〜5人程度のメンバーで構成され、インサイドセールス、フィールドセールス、マーケティング、カスタマーサクセスといった異なる機能を持つメンバーで構成されます。そして、特定の市場や顧客セグメントにフォーカスして営業活動を推進します。

【図18】The Pods 型

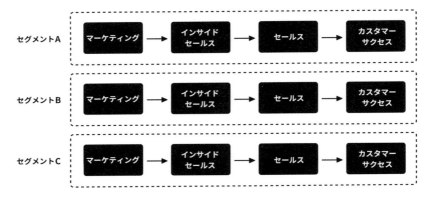

　この体制のメリットは、**顧客セグメントに合わせて迅速な意思決定と実行が可能になり、職種間のコミュニケーションが円滑になる**ことです。

　一方でデメリットは、各Podにリソースを割り当てるため、**組織全体としてリソースが分散・重複し、効果的な配分が難しくなる可能性**があることや、Podごとに独自の戦略やアプローチを取るため、組織全体としての一貫性が失われやすいということが挙げられます。

　このようにセールステックの進化にともない、各職種の役割や目的が明確になりました。それぞれが効率的に機能すれば、営業生産性は確実に向上します。そのためには、新たな組織形態を取り入れ、効果的な連携による迅速な対応が重要となるでしょう。**組織の最適化とテクノロジーの活用は、同時に進めなければいけません。**

第6章

失敗しない営業DXの進め方

第6章

Part 01
導入するツールの検討から購入まで

　ここまで、営業活動を取り巻くトレンドや営業DXを進めるためにどのようなセールステックツールがあるかということに言及してきました。しかし、いざ営業DXを始めようと思っても、「何から手をつければいいのかわからない」「コストをかけて失敗したくない」という悩みが出てくるでしょう。いよいよ本章では、実際に営業DXを進める方法について、具体的に解説していきます。

　本来のDXは、特定の部門や職種に限られた概念ではなく、企業活動全体に関わるものであると経済産業省は定義しています。

・DX（デジタルトランスフォーメーション）とは

　企業がビジネス環境の激しい変化に対応し、データとデジタル技術を活用して、顧客や社会のニーズを基に、製品やサービス、ビジネスモデルを変革するとともに、業務そのものや、組織、プロセス、企業文化・風土を変革し、競争上の優位性を確立すること。

引用：経済産業省「デジタルガバナンス・コード2.0」

　対して昨今、広く浸透している「営業DX」とは、テクノロジーの活用により営業プロセスを効率化・高度化することで、さまざまな情報を蓄積・活用して、営業生産性を上げることです。

　これは3段階のプロセスを通じて進められます。

・営業DXのプロセス①：デジタイゼーション（Digitization）

　アナログ情報をデジタル化することです。例えば、紙の資料をデジタルファイルに変換することがこれに当たります。

・営業DXのプロセス②：デジタライゼーション（Digitalization）

　デジタル化した情報を使って、営業活動を改善することです。例えば、デジタル化した顧客情報をCRMシステムで管理し、営業活動を効率化することがこれに当たります。

・営業DXのプロセス③：トランスフォーメーション（Transformation）

　デジタル技術を活用して、ビジネスモデルそのものを変革することです。営業プロセス全体を見直し、デジタル技術を組み込んで新たな価値を創出することを目指します。

ツール購買プロセスのスタンダード

　Gartner社の調査「B2B Tech Buying Teams Are Struggling:Here's How to Guide Them」によれば、「**企業のテクノロジー購入において購買者の81%が後悔している**」**という結果**が出ているように、実は「**ツールを上手に買う**」**のは非常に難しい**のです。同調査によれば、複雑化しているBtoBの購買行動において6つのプロセスが存在することが明らかとなりました。

・課題の特定（Problem identification）
・ソリューションの調査（Solution exploration）
・要件の構築（Requirements building）
・仕入先の選択（Supplier selection）
・検証（Validation）
・合意形成（Consensus creation）

　ツールの導入を成功させるためには、上記のように行うべきことを明確化してから購買プロセスを進めていくことが重要です。

第6章

　実は、**多くのビジネスパーソンは「自社の営業組織全体に影響をおよぼすようなITツールの購買」を主導した経験がありません。**そのため、自分たちで買い方をわかっているつもりでも「何となくいいなと思って上申したが、棄却されてしまった」「導入できそうだったのに、反対勢力にその検討を潰されてしまった」「後になって、検討しておくべき論点を潰せていなかったことが発覚した」という失敗が後を絶ちません。

　無駄に多くの時間や労力をかけてしまったり、場合によっては自身の評価を下げてしまったりすることも少なくないでしょう。このような事態を防ぐために、セールステックの導入を検討する際には、購買の進め方を学んでおかなくてはなりません。

セールステック導入の順序

　多くのセールステックがある中、どのような順序で導入を考えるのが最適なのか、というご質問をよくいただきます。これには必ずしも正解があるわけではないですが、一定の判断軸は存在します。
　それは、組織への影響度合いを考慮した重要性と緊急性という2つの側面から考えるということです。

　重要性の観点から、**まず整えるべきはセールステックすべてのデータが集まる基盤となるCRM**です。CRMのデータ基盤がなければ、他のツールを入れたとしてもROIを測れず、データが揃わなければ意思決定に至る指標が確認できないでしょう。

　他方、緊急性という側面で考えてみると、**早急に着手していかなければならない、かつ手軽に導入ができ、CRMの設計・運用に大きな影響をおよぼさずに活用できるツールに関しては、すぐに導**

入してみる価値があります。例えば日程調整ツールやWeb会議ツールなどは、即効性があるでしょう。さらに、すでにCRMが導入されているものの、それがうまく使いこなせていないようであれば、CRMのデータを入れやすくする、整備する、補完するというツールを比較的早期に入れるべきです。

・導入順序の考え方
1. インフラ：基盤となるツールやシステム
2. データ整備・分析：データの収集、整備、分析ツール
3. 業務支援：業務効率化を図るツール

セールステック導入に向けたチェックリスト

営業DXを成功させるために、押さえておくべき観点を整理し、チェックリストにしました。これから導入を検討する際には、このチェックリストに記載の内容をクリアしていくことをおすすめします。

✓ いきなりHowを検討しない、いきなり上申しない

上司や会社の意向とマッチしていない可能性があるので、いきなり上申や検討をすると失敗してしまう確率が上がります。例えば、良いツールだと思うものを見つけても、「これを導入したい」と発信する前に、上司や組織の方針を確認しておくのが得策です。

✓ 目的と責任の所在を明確にする

目的については、「今、このような課題が自社にあると考えるが、それについてどう思うのか」という課題認識から、意思決定者層と合意していくということが非常に重要になります。責任の所在が不明確だと、誰も責任を持たず「何となく導入してみたけど、う

まくいかなかった」という結果になるケースが少なくありません。

　例えば、あなたがもし現場で営業活動に携わっているのであれば、自分自身が責任を持って導入以降の活用を推進するのか、そうでないとしたら誰が推進するのか。プロジェクト自体の責任は誰が負うのか、各プロセス（導入検討プロセス、運用推進プロセスなど）の責任は誰が負うのかなどを明確化して、検討プロジェクトチームを組成すべきです。責任のなすりつけ合いや自身の評価が下がるリスクを考え、信頼できる仲間を巻き込むようにしましょう。

✅ 誰と合意し、誰に承認を得る必要があるのかを確認する

　組織が大きくなって複雑化したり、導入ツールの影響が大きくなったりするほど、合意形成の難易度は上がります。このようなケースではプロダクトや提案の良さよりも、社内合意形成の進め方や社内政治的なパワーバランスによる決定要素が相対的に強くなるでしょう。ここの対策をおろそかにして、巻き込むべき人を巻き込んでいないと、購買プロセスのどこかで検討にストップがかかってしまうケースは多いです。正しい目的設定や課題設定、さらに懸念点の洗い出しについても、入念に調べず横着な進め方をしてしまうと、上司などから棄却されるリスクも上がります。

✅ 購買者（バイヤー）相関関係の整理

　セールステックツールのベンダーは、購買担当者が属する組織内で、誰が購買に関与しているのかを把握しようとするでしょう。これは購買プロセスをスムーズに進めていくためですが、その意味では購買側もベンダーと同様に、自組織内で購買に関わる人とその関係性を把握し、セールステックの導入を推進することが重要です。

　具体的には、次に挙げる関係性をしっかり把握し、読み解いていかなければ、購買プロセスにおけるリスクを排除できないでしょう。

・購買関与者の関係性
A：意思決定する人／決裁する場
B：Aに影響を与える人
C：調整をかけられる人、情報を集められる人、社内情報を多く持っている人
D：反対者・反対勢力の指揮者

　また、購買者としてはベンダー側の営業パーソンをうまく使って、自社内の根回しをすることが必要となるケースもあります。相手が信頼できる人物であれば、他部門への説明を求めたり、自社内の重要な人物をつないだりすることで社内調整がスムーズになり、うまくプロジェクトを進行することができるでしょう。

✅「やりたいこと」でなく「あるべき姿」で考える
　セールステックの必要性を考える際、現場・個人としては重要であるものの、実は会社からするとそれほど優先度が高くないケースも少なくありません。
　組織として短期的に、あるいは中長期的にどのような未来を描いているのかを理解したうえで、導入を検討しているセールステックが何に対するソリューションの紐づけとなるのか、というロジックを考えるようにしましょう。

✅ 価格だけで決めない
　当然、会社としては少しでも安い価格で買ったほうが良いでしょう。しかし、価格を第一優先に置いてしまうと、判断を誤る可能性があります。必ずしも安い価格のものが悪いというわけでも、高い価格のものが良いというわけでもありませんが、課題を解決するために必要十分な機能が揃っているかどうかや、実際の運用に耐えら

れるユーザビリティなのかという点も非常に重要だということを忘れてはなりません。さらに、ベンダーがどの程度サポートしてくれるのかなど、さまざまな観点から慎重に選ぶ必要があります。

✅ 機能比較で決めない

　セールステックのベンダーは、他社ツールと自社商材の機能差を○×で表すことが多いです。しかし、それだけで比較することは、プロダクトが持つ本来の価値を表すものではありません。

　機能を備えているかどうかは指標の1つでしかなく、どの程度その機能が使えるのか、どのように活用できるのか、どのくらい簡単なのかという観点も重要です。

　機能の有無だけを見て、「機能が多いほど良い」という軸で選んでしまうと、使わない機能が多くて逆に使いづらかったり、機能の○×表に丸がついていたものの、実運用に耐えられるレベルではなかったりするので、よく注意してください。必要機能を判断する際には、それがMust（必須）なのかWant（あったらいい）なのかを、慎重に精査しましょう。

✅ 現場を疎かにしない

　経営陣やIT部門、DX推進部門主導で検討が進んでいくと、現場のニーズを捉えられていなかったり、目的やメリットがわからないまま使わされて現場が疲弊してしまったりするケースもあります。

　とはいえ、セールステックの導入は現場がすべて決めれば良いというものではなく、もちろん管理者がすべて決めるべきものでもありません。双方にバランスの取れた検討プロジェクトの進行や調整が非常に重要なため、導入検討推進者にはプロジェクトマネジメントスキルが求められます。

✅ ツールに業務を合わせる

昨今ではSaaSのツールに代表されるように、広く多くの会社で標準的に使われるようなベストプラクティスの集合体をプロダクトの中に表現し、ツールとして提供されることが世界的にも一般的となっており、そのメリットは本書でもお伝えしました。

他方、日本ではデジタル人材がシステム開発会社やITツールを提供するベンダーなどのIT企業に属している割合が多いです。そのため、従来はフルスクラッチ（ゼロから新規開発すること）のITツールが一般的で、システムやツールを利用する側は自分たちのつくりたいもの、**使いたいものの要望に合わせてITツールができ上がるのが当たり前という意識**がありました。

このような文化がある日本企業においては、「自分たちの業務に対してツールを合わせる」と考えてしまいがちです。**本来はベストプラクティスに合わせて自分たちの業務を変革するために使っていくはずのツールも、「うちの社内オペレーションに合わないから」という理由で避けてしまい活用が進まないケースが多くあります。**

ここまでで挙げたチェックポイントの中には、当たり前だと思えるものもあれば、難しそうなものもあったかもしれません。しかし、顧客が営業パーソンを見定めるように、営業パーソンも顧客を見定めているのです。

自社の購買検討を推進できない人は、上申や社内合意をうまく進められていないということであり、社内から評価を得られないだけでなく、営業パーソンからも「この人では進められないから、別を当たろう」と相手にされなくなってしまうということに、留意しておくべきでしょう。

第6章

【図19】セールステック導入に向けたチェックリスト

☐	いきなりHowを検討しようとしていないか、いきなり上申しようとしていないか
☐	目的と責任の所在は明確になっているか
☐	誰と合意し、誰に承認を得る必要があるのかを確認しているか
☐	購買者（バイヤー）相関関係が整理されているか
☐	「やりたいこと」でなく「あるべき姿」で考えられているか
☐	価格だけで決めようとしていないか
☐	機能比較で決めようとしていないか
☐	現場を疎かにしていないか
☐	ツールに業務を合わせる努力をしているか

Part 02
購買を主導することの価値

　ここまで、かなり厳しく細かいことを書いてきたので、購買を進めることはとても難しく、そしてリスクがあるように思われたかもしれません。
　たしかにそのような側面があるのは事実ですが、それだけの価値があることでもあります。

　今の時代、購買を主導した経験のある人はそう多くありません。それゆえに、その経験を持っていることは**自社のデジタル変革を主導した人物としてキャリアを評価されるでしょうし、たとえ転職して業種が変わっても活きるスキル**となります。
　さらには、購買の難しさを体感することによって、自身の営業活動もレベルが上がるでしょう。

　"買う"ことができるのは「社内に対する営業力（影響力）の表れ」という捉え方もでき、実際に優秀な営業パーソンほど購買を推進することもうまいという側面があります。

　"買う"ことは、それだけ重要で、非常に貴重だと評価されるのです。

　せっかくセールステックを導入するのであれば、他の誰かが決めたツールを使うのではなく、自分自身が導入推進および活用推進をリードするほうが、メリットは非常に大きくなるでしょう。
　そのような意欲がある方は、ぜひ積極的にチャレンジをしてみてください。明るい未来が待っているはずです。

第6章

第7章

これから日本の営業が
より良くなっていくために

Part 01 課題先進国としてのポテンシャル

　日本の営業活動と購買活動は特異性（意思決定の遅さ、既存顧客の重要性など）があるため難易度が高く、課題先進的だといえます。そんな日本を取り巻く状況を、あらためて整理してみましょう。

・課題①：「DX」が遅れている

　日本におけるDXが、世界的に見て大幅に遅れていることはいうまでもありません。IPA（独立行政法人情報処理推進機構）発行の『DX白書2023』によると、日米企業の**DXに関する取り組みにおける成果を比較した場合、「成果が出ている」と答えたのは、アメリカの89％に対して日本は58％**となっています。同調査の2021年度版で「成果が出ている」と答えた日本企業の割合は49.5％だったため、2023年にかけて成果を感じている企業は増えているものの、依然としてアメリカよりは**圧倒的に少ないのが現状**です。

　またGartnerの報告によれば、**日本におけるクラウド利用状況は2022年時点でアメリカより7年以上も遅れているとされ、「抵抗国」**とまで呼ばれています。この遅れの原因として、新しいことに取り組む姿勢の欠如や変革を拒む文化が挙げられるでしょう。

　さらにIT人材不足が深刻であり、DXを推進すべき企業側に十分な専門知識を持った人材がいないことも大きな問題です。日本のIT人材は、その多くがシステムやツールを活用するユーザー企業ではなく、提供する側のIT企業に在籍しています。IPAの『DX白書2023』によれば、**アメリカではIT人材の6割以上がユーザー企業に所属しているのに対し、日本では7割がIT企業に属しているという真逆の結果**が出ています。

そのためITにまつわる投資は多くの場合、外部のITベンダーに外注するためのものであり、自社内でシステム・ツールを開発したり、社員が活用するスキルや知見を身につけたりするために使われることは少ないという現状があります。

・課題②：「営業に関する研究」が遅れている
　セールステックの利用者となるべき側のDXが遅れていることに加え、これまで日本にはセールステック事業者が少なく、データの取得が難しい状況でした。特にアメリカと比較すると、**日本は営業に関する研究が非常に遅れ**ており、海外における以下に該当するような調査企業や研究機関（もしくはそれらを発信する媒体）が、日本には少ないのも現状です。

・Gartner
・Forrester
・The Bridge Group
・SiriusDecisions
・CB Insights
・Aberdeen Group
・IDC
・SBI Growth Advisory
・Go To Market Partners
・Harvard Business Review

　営業の効率化や効果的な手法の開発には、**学術的な研究と実践的なデータの両方が不可欠ですが、日本ではその基盤がまだまだ未整備**な印象を受けます。

第7章

・**課題③：世界的に見ても「営業と購買の特異性」が高い**

日本の営業と購買におけるプロセスは、世界的に見ても特異性が高いです。まず、**購買意思決定の遅さや複雑さ**が挙げられます。日本では合議制の意思決定プロセスが重視されるため、意思決定には多くのステークホルダーが関与し、時間がかかります。

また、国土が狭く日本国内であれば物理的に足を運べることや、旧来的な礼儀やマナーを重視する文化（これ自体は良さでもありますが）ゆえに、対面商談を重視する傾向が強く、デジタル化が進みにくいという特徴もあります。

さらに「お客様は神様」という精神が根強く残っていることから、ある意味で過剰ともいえるサービスや関係構築が重視されることも多いでしょう。また日本企業の寿命は世界的に見ても長い傾向にあり既存顧客の売上割合が大きく、新規営業開拓比率が少ない一因ともなっています。さらに終身雇用や解雇規制などが背景となって人材の流動性が低いことも合わさり、**組織の変化や変革をさせない圧力**が強くなりがちです。

これらの要因が複合的に作用し、日本における営業活動のデジタル化を阻む大きな壁になっていると考えられます。しかし、必ずしも悲観する必要はなく、**特異な課題を抱えているからこそ、それらへの対応を行うことでより高度な営業活動を実現する、ひいては世界をリードするというポジティブな可能性を秘めている**ともいえるでしょう。実際に近年、世界的に「購買活動の複雑性」や「営業の難易度上昇」が着目されていることから、**日本における商習慣の特異性に対応することが、強みに変わる可能性は大いにあります。**

私自身、セールス（プレーヤー）、セールスマネジャー、カスタマーサクセスマネジメント組織統括、マーケティング&セールス組

織統括、営業組織コンサルタントといった営業現場の各レイヤーにおける経験、またセールステックの根幹であるCRM（SFA）領域の事業経験、そして最先端のセールステックプロダクトであるデジタルセールスルーム領域での事業経験があります。営業という素晴らしい仕事が、より生産性高く、より豊かなものになり、より顧客を幸せにできるようになるために、避けては通れないデジタル変革を少しでも多くの人に身近なものだと感じていただき、営業組織におけるデジタル変革の一助となりたい思いで筆を走らせています。

Part 02
正しく進むために、正しく勉強する

　どの国においても、**新たに登場した概念への誤解や誤用**は生じてしまうものです。先に述べたように日本では、「営業」に関して深く研究・啓蒙する役割を担う学術的な人材や機関が不足していることや、ビジネス領域に対して学術的な人材や機関の影響力がさほど大きくないこと、市場啓蒙における企業努力が欠如していることなどから、間違っていることがなかなか正されないという現状があります。これらが解決されなければ、ビジネスも正しい方向には進化できません。

　例えば「セールスイネーブルメント＝研修・トレーニング」という誤った認識が広がった結果、データや仕組みを度外視した営業研修だけを行って、成果が出ないと嘆く日本企業の例は山ほど耳にします。

　実際にマツリカが行った「Japan Sales Report 2023 営業パーソンの実態調査」では、**セールスイネーブルメントが研修・トレーニングの取り組みだけでは有効でない**ことも証明されています。

＜誤った認識の代表例＞
・セールスイネーブルメント
×：全員が売れるように、成績下位者の底上げをする
×：売上のバラつきをなくす
×：研修・トレーニング
　→○：スケーラブルかつ予測可能な形で、組織的に営業生産性を
　　　　向上し続けるための仕組み構築のこと

・The Model型の組織
×：どの企業にも当てはまる最先端の取り組み
　→○：セールスフォース・ジャパンがインバウンドリードを軸としたSMB市場向けのフローとして採用したものであり、どの企業にもそのまま適用できる体制ではない

・インサイドセールス
×：テレアポ
　→○：見込み顧客への効果的なアプローチによって関係構築を行い、適切なタイミングで商談を獲得すること

・カスタマーサクセス
×：カスタマーサポート・顧客の問い合わせ対応
　→○：顧客の成功に向けて、能動的かつ長期的な支援を行うこと

・DX
×：ITツール・システム導入
　→○：ITツール・システムの導入・活用によりビジネスモデルそのものを変革し、新たな価値を創出すること

　こういった間違いを正していくということも、市場を創るうえでは非常に重要だと考えています。

言葉と定義をつくることの重要性

　新しい言葉が出てくると、それについて誤った認識が広まっていくという事実がある一方で、**概念や定義を細分化する**ことで、生まれた新しい言葉からより大きな範囲まで理解が深まっていくという

側面もあります。

　例えば、サッカーの育成大国と呼ばれるスペインでは、さまざまな戦術や技術が非常に細かく定義されています。明確に定義することで、指導者は選手たちに「何ができていて、何が足りないのか」をはっきりと理解させることができるわけです。これが、戦術理解や技術の向上に大いに役立っているのでしょう。

　具体的には、ボールを足でコントロールする基本的な技術である「ドリブル」であれば、日本では単純に「ドリブル」とだけ表現することが多いですが、スペインでは6歳あたりから「運ぶドリブル（コンドゥクシオン）」と「仕掛けるドリブル（レガテ）」を分けて指導していると言われています。これら2つの「ドリブル」は目的や実施する場所が異なるため、求められるスキルや指導・トレーニングの内容が異なってくるのです。

・運ぶドリブル（コンドゥクシオン）
　目的：攻撃するために優位な状況をつくり出すこと
　場所：主に味方のゴール周辺〜フィールド中付近

・仕掛けるドリブル（レガテ）
　目的：ゴールを奪うチャンスをつくり出すこと
　場所：主に相手のゴール周辺

　このように、スペインのサッカー文化においてさまざまな戦術や技術が細かく定義されていることは、戦術の高度化、技術の洗練、指導の効率化に大きく寄与しており、同国は高いレベルのサッカー技術と戦術を誇る国となったのです。

第8章

新たな希望の光
「デジタルセールスルーム」

Part 01 米国での新たなトレンド誕生の背景

　デジタルセールスルームは、近年急速に注目を集めているセールステックの1つです。このカテゴリは2020年にGartner社が提唱し、2021年には世界最大のレビューサイト「G2.com」で正式にカテゴリが創設されました。Gartner社のトップアナリストであるメリッサ・ヒルバー氏の発言を借りると、近年の営業において、**生成AIの次に重要なテクノロジー**となるといわれています。

　私たち自身がデジタルセールスルームの開発と提供をしているため、宣伝のように思われてしまうかもしれませんが、本書でお伝えしてきたこれまでの経緯や営業職を取り巻く外部環境を踏まえると、アメリカでデジタルセールスルームが台頭し、トレンドとなって脚光を浴びているのは必然の流れだとわかっていただけるはずです。
　私たちはそのような世界の流れを考えて未来を想定し、2021年にデジタルセールスルームのプロダクト構想・開発を始めました。

デジタルセールスルーム市場の形成と発展

　この市場の発展は目覚ましく、**2022年には前年比で約300％の成長を遂げ、2024年には50社以上のプレーヤーが参入**するまでに至っています。デジタルセールスルームは**営業DXの核となる次世代ツールとして、アメリカを中心に急速に普及**しているのです。
　ここまで需要拡大・普及した背景には、本書で言及してきたような「顧客の行動変容」や「セールステックの進化」による営業活動、あるいは購買活動におけるデータ活用の高度化があります。

特に2020年以降はコロナ禍の影響もあり、セールステックの活用やデジタル化された営業活動が一般的なものとなりました。買い手と売り手、双方の事情に合致した形で、購買検討におけるデジタル上のコミュニケーションが、驚くほどのスピードで普及してきています。

　そもそもBtoC領域の購買においては、いち早くオンラインでの購買体験が普及しました。例えば、書店の数は年々減少し、多くの人がAmazonなどで書籍を購入しているはずです。高額商品である車に関しても、テスラはWeb上で購買が完結するようにしています。こうした流れが法人取引にも広がっていると考えれば、非常に自然な成り行きのように感じるでしょう。

　これらの背景から、依然としてセールスという"人間"は介在しつつ、デジタル上で売り手と買い手双方が情報共有をするプラットフォームであり、その動きをデータ化するデジタルセールスルームの市場発展は、必然的なものだと考えられます。

Part 02 デジタルセールスルームとは一体何か

　デジタルセールスルームは、営業パーソンがWeb上で顧客への商談情報・提供情報を管理し顧客と共有できるツールで、**マーケティング段階でのリードへの情報提供（ナーチャリング）から営業提案、既存顧客対応に至るまでの営業と顧客の情報を一元化**するものです。これにより、互いが1カ所で必要な情報にアクセスしやすくなり、商談を円滑に進めることができます。

　もっとも簡素化した表現をするならば、これまでにも日本で数多く存在してきているような資料送付・共有するためのツールがより高機能になったものであるとも表現できるでしょう。

　売り手側に期待できる効果としては、リードナーチャリング、有効商談（アポイント）の増加、営業受注率の向上と商談リードタイムの短縮、社内での情報共有工数削減などがあります。売り手と買い手双方における社内の情報共有コスト削減も実現できるため、購買者側に期待できる効果として「購買体験の向上」も見込まれます。

　会社で購買者として大きな購買検討を推進した経験がある方にはイメージがつきやすいと思いますが、営業パーソンから送られてくる何十通ものメールや、情報収集のために閲覧すべき資料あるいはWebページのURLなど、社内共有すべき情報の整理や加工は、とても骨の折れる作業です。そのうえ社内で反発されたり、上申が棄却されたりするリスクのある購買検討ともなると、非常にストレスがかかる活動となるでしょう。

　デジタルセールスルームはその課題を解消し、**購買者がスムーズに購買推進をしやすくなることと、営業パーソンの受注確率向上を目指す、両面的なソリューション**となります。

デジタルセールスルームの主な機能例

　実際にデジタルセールスルームがどのような機能を有するのか、具体的に紹介しましょう。

・機能①：営業コンテンツライブラリ
　営業組織が活用する資料などのファイルやナレッジをファイルストレージのように一元管理できます。通常のファイルストレージではできなかったバージョン管理や利用シーン分けされたタグでの検索機能などの営業専用ライブラリを通じ、より早く、最適な営業資料を探すことができ商談準備時間の短縮や社内でのナレッジ共有を円滑化します。

・機能②：提案情報格納スペース
　営業・マーケティングに際して発生するあらゆる情報を、セキュアで安全に顧客に届けることができます。これまでの資料共有・送付サービスでは通常、PDFやPowerPoint、Excelなどのファイル格納が一般的でしたが、そのようなファイルのほかに商談で発生する面談メモやWebページのURL、動画、連絡先、タスク、コミュニケーションに至るまでの情報を一元管理し、顧客と最新の状況を共有できるようになるのです。
　また顧客はアカウントを作成する必要なく、限定公開されたWebページを閲覧するのと同様かつ安全に情報を受け取ることができます。
　マーケティング段階での資料ダウンロード時からデジタルセールスルームを利用することによって顧客のナーチャリングを促進しMQL（マーケティングによって得たリード＝見込み顧客）を増加させたり、インサイドセールスとフィールドセールス、カスタマー

サクセスの情報連携における回覧板のように情報を一元管理しながら、顧客のエンゲージメントを高めたりすることを可能にします。

・機能③：バイヤーアクティビティトラッキング（インテントデータ）

購買者のページアクセス履歴や資料の閲覧状況を追跡できる、トラッキング機能も重要です。これにより、購買者の関心度や行動パターンを把握し、適切なフォローアップを行うことができます。

特に購買関与者について「誰が・いつ・何を・どれくらい」確認しているかを掴むことで、1つの案件において「誰が前向きに検討をしてくれているか」「提案のどのポイントを特に気にしているか」「どのポイントを重点的にフォローアップするべきか」などの情報を把握できるでしょう。さらに複数案件が進行している場合、「どの案件が前向きに検討されているのか」がわかるため、フォローアップの優先順位づけにも寄与します。

・機能④：SFA／CRM入力の自動化

SalesforceやHubSpot、Mazrica Salesなど、既存のSFA／CRMとシームレスに連携することで、営業パーソンの入力工数を驚くほど削減することができます。

購買者に送った連絡や議事録、ネクストアクションなどの情報がデジタルセールスルームからSFA／CRMへ自動で転記されるため、純粋な営業活動と切り離された事務的な入力作業が増えてしまう「二重工数」をなくすことができます。つまり、営業パーソンのポテンシャル・ピュアセールスタイムを増やすことができるのです。

Part 03
デジタルセールスルームの効果

　デジタルセールスルームを導入することによる効果は、定性的な面と定量的な面の両方で判断することができます。海外での発表や日本初のデジタルセールスルーム「DealPods」での調査によると、次のような効果が現れることが明らかになってきました。

＜定性的な効果＞
・買い手／購買側
①検討に必要な情報収集がしやすくなる
②購買関与者間の目線合わせがしやすくなり、購買検討プロジェクトが円滑に進む
③購買体験が向上する

・売り手／営業側
①長期フォローリード（見込み顧客）のナーチャリング
②社内情報共有、報告、入力の工数削減、円滑化
③営業プロセスの標準化
④ナレッジシェアの促進
⑤商談レビューのクオリティ向上
⑥無駄なフォローアップ工数の削減

＜定量的な効果＞

・売り手／営業側

①リードタイムの短縮

　例）「Enable.us」では20～40％短縮

②受注率の改善

　例）「DealPods」では21.1％改善

③業務工数の削減

　例）「DealPods」では営業資料や過去提案内容を探す工数が73％削減、議事録作成とCRM（SFA）入力工数が88％削減、顧客の状況確認やリマインドの追客工数が59％削減

　このように、デジタルセールスルームはセールステックでありながら書い手／購買側に対しても好影響をもたらすこと、また売り手／営業側の社内業務だけでなく「商談そのもの」に介在できることが新しく、その特性ゆえに1つのプロダクトが多方面にメリットをもたらし得ることが特徴です。

Part 04
営業データ蓄積の特効薬となるか

　デジタルセールスルームは、**2010年代初頭のCRM普及以来、もっとも大きなセールステックのイノベーションとなる可能性があり、今後の営業DXにおける中心**に位置づけられていくでしょう。特に、次のような観点から、複雑で難易度の高い日本の購買活動において、顧客体験と営業生産性を大きく向上させる可能性があります。

　典型的な日本企業の意思決定における慣習として、「合議制」「組織における階層の分断」「ノーリスク思考」という特徴があり、世界的に見ても日本の購買活動が難しいとされる要因になっています。
　そのため「社内の購買関与者全員から合意を得なければ検討が進まない」ことが多く、購買推進者は合意形成を行うための「根回し・情報共有」に大きな労力をかけざるを得ません。日本特有ともいえる意思決定の慣習をすぐに変えることは難しいかもしれませんが、デジタルセールスルームを使うことで、根回しや情報共有のスピードを上げられるはずです。そして、日本の購買活動における負を解消し、スピード感を持った意思決定に大きく寄与するでしょう。

　また、**解雇のハードルが高い日本企業では、CRMに情報を残さない営業パーソンがいても解雇されることはほとんどありません。**さらに、終身雇用を前提とした平均勤続年数の長い日本企業においてはデジタルに情報を蓄積せずとも、「人に聞く」ことでなんとかなってしまう状況もあります。その背景もあり、**商談情報の入力を徹底しないことを会社が黙認し、組織として情報蓄積の取り組みに失敗してきた過去**があります。デジタルセールスルームは、この問

題を解決する特効薬となるかもしれません。

なぜなら、営業パーソンは今まで通り営業活動を行っているだけで、自然とCRM（SFA）に情報が蓄積されていくからです。

顧客起点（バイヤーセントリック）営業の進化

近年、**世界的には、「顧客起点（バイヤーセントリック）」の概念が重要視**されるようになってきていますが、日本では元来、顧客志向の営業や経営が重視されてきました。そのため、顧客体験を向上させるツールであるデジタルセールスルームは、**日本企業の営業活動と非常に相性が良い**といえるでしょう。

デジタルセールスルームを活用することで、顧客とのコラボレーションがより一層進み、顧客満足度の向上が期待されます。

技術革新がもたらすデジタルセールスルームの進化

デジタルセールスルームの技術革新は今後も続き、新機能が追加されることで、さらに多くの企業にとって魅力的なツールとなるでしょう。

例えばリードナーチャリング段階からパーソナライズされた情報を提供し、顧客の興味度合いを引き上げたりMQLを増加させることができるようになります。生成AIを駆使することで、購買者との商談音源から議事録を生成し、デジタルセールスルームに入力を行い、相手に送付するという作業をすべて自動で完了する機能も考えられます。あるいは、製品情報をAIに学習させ、デジタルセールスルーム内で購買者の疑問点や気になるポイントを営業パーソンに代わりAIが回答する機能など――。

購買者の興味関心データを取得したうえで、受注確度の高精度な

予測も可能です。これまで人力で行っていた業務の多くを、生成AIとデジタルセールスルームを組み合わせることで効率化・自動化できます。

　デジタルセールスルームは、今後ますます注目されるツールとなり、営業のデジタルトランスフォーメーションを推進する主役となっていくはずです。

おわりに
〜個人的な「営業」への思い

　私のキャリアは、営業からスタートしました。
　新卒で欧州系外資製薬企業のMRという営業職（厳密には情報担当者とされる）に就き、富山県に配属され、人口数万人の市を中心にエリアを担当して、エリア内の売上を拡大する仕事でした。

　私自身は至って「並み」の営業だったのですが、主力製品で日本法人内約1000名中トップの売上を記録していた時期があります。これは、担当していた地域に対して大きな影響力を持つ顧客である顧客や、関与するパートナー企業、上司などが総出で協力し、勝たせてくださったものでした。
　それをあえてここに書いたのは、実績を自慢したいということではありません。**「顧客も含め、営業活動に関与してくれる皆さんが、仲間となってともに思いを共有し、事を成す」**という、"営業"**という仕事の尊さを教えてもらった大切な経験だからです。
　提供していた製品が素晴らしいもので、それによって救われた方も多く、営業成果が直接的に社会貢献となったことも幸いでした。

　私は営業という仕事を、"事業の最前線で顧客と向き合い、相手の感情を動かしてビジネスを発生させ、売上をつくる尊い仕事"だと捉えています。
　顧客という生身の人間と、信頼関係を構築し対話を重ねることで、相手も気づいていないニーズを引き出して、そこに解決策を提示することで商取引となり、お金が動く。それによって経済が生まれるということが、どれほど重要で尊い営みなんだろうかと、今でも日々思わされています。

その一方で多くの無駄な業務に苛まれ、また不健全な商慣習に憤りを感じる経験があったことも事実です。

本来、営業とは尊い仕事であるはずなのに、営業職固有のネガティブな側面で疲弊する人も多く見てきました。だからこそ、私は営業の良い面を広め、より誇れる職にしていきたいと思い、さまざまな形で今日まで「営業」に向き合い続けてきました。

なぜ私がセールステックにこだわるのか

「営業をより良くする」ための活動の中で、コンサルタントとして営業組織の変革に携わる機会を数多く得てきました。

第三者という立場からさまざまな企業の営業改革に関わる経験は、やりがいと学びにあふれていましたが、同時に**「目の前にある1社を少し良くできたとしても、社会全体はなかなか変わらない」**ということも痛感しました。自分の能力と時間には限りがあるので、影響範囲がどうしても限定的になってしまいます。

また、自分の仕事や働き方は本当に世の中のためになっているのだろうか、自己満足なのではないかと感じるようになりました。

仮に、一定のサイズで安定している市場にA社とB社があるとします。私がそのうちのA社を支援して、売上を10％上げたとしましょう。すると、B社はその分の売上が減少してしまう、ゼロサムゲームになってしまうわけです。市場や社会に対して付加価値を与えられないのに、「他の誰かがもらっていた給料」を力ずくで奪い取っているように感じる。そんな自己満足に思えてしまうことが悲しかったのです。

おわりに

　そこで、自分のスキル・ノウハウ・ナレッジを「テクノロジー」という形に昇華し、仕組みとデータによる拡張性を持ってより広く公平に届けていくことで、世の中にいるより多くの営業パーソンや業界自体をブーストしなければと思うようになりました。
　ちょうどその頃に、私と同じ考えを持ったマツリカ創業者の黒佐英司と飯作供史に出会い、それ以来セールステックの世界・事業に従事しています。

　そのような背景から、私は「**セールステックには、世の中のポジティブな変化を生み、社会を前進させられるパワーがある**」と信じています。

日本の営業にかける願い

　ライフワークとして営業という仕事を学ぶにつれ、日本企業における営業活動がいかに世界、主にアメリカの最先端から遅れているかを目の当たりにしてきました。これは個人の営業能力の話というわけではなく、研究や取り組みについてのことであり、営業パーソン一人ひとりがどれだけ魂を込めて、日々の業務にあたっているかも知っています。だからこそ、少しでも何かを変えたいという思いが出てきました。

　そのような背景もあり、2022年からはセールスやセールステックの最先端であるアメリカに拠点を移しています。
　私個人としては、さまざまな情報に触れる中で、日本と世界最先端とのギャップに悲観することもあります。世界的に見ても日本は非常にユニークな意思決定構造をしており、それによる意思決定や変化が遅い傾向にあります。加えて、事業会社におけるIT人材の不足や外注文化、

営業にまつわる研究の少なさなど、日本特有の構造的な課題は多くあると考えています。

　一方で、そうした課題を解決できた時に得られる、ポジティブな「伸びしろ」の大きさにも気づかされました。

　なぜなら上記にあげたような課題の前に、各営業パーソンにおける顧客対応のきめ細かさや個別化された提案などの平均レベルが日本は非常に高いと思うからです。

**　セールステックの活用による営業生産性向上は、今や待ったなしの状況だといえます。これからどうにか、日本におけるセールステックの繁栄と、それによる営業職の繁栄、そして売り手（営業）と買い手（購買者）の成功がひとつなぎの価値として創出されれば、明るい未来が必ずや訪れるでしょう。**

　私個人としても、セールス分野において事業を創る人間として、強く思うところであります。

　日本の営業職・セールステック、そして購買者の未来に幸あれ。

株式会社マツリカ
中谷真史

▼参考文献

株式会社マツリカ
- Japan Sales Report 2022
  〜Buying Study：購買活動の実態調査〜
- Japan Sales Report 2022
  〜Buying Study追加分析：なぜその購買は実行されなかったのか〜
- Japan Sales Report 2022
  〜法人営業のデジタル活用実態調査〜
- Japan Sales Report 2023
  セールスイネーブルメントの実態調査

情報処理推進機構
- DX白書2023

総務省
- 労働力調査

経済産業省
- デジタルガバナンス・コード2.0

マッキンゼー
- 日本の営業生産性はなぜ低いのか

Gartner
- New B2B Buying Journey and Its Implication for Sales
- Illustrative B2B Buying Journey
- B2B Buying: How Top CSOs and CMOs Optimize the Journey
- B2B Tech Buying Teams Are Struggling: Here's How to Guide Them
- The Future of Sales

CSO Insights
- Fifth Annual Sales Enablement Study

Miller Heiman Group
- Annual Sales Performance Study

Forrester
- Younger Buyers Have Changed The Business Buying Landscape
- Generational Shifts Are Disrupting Traditional Business Buying Behaviors And Necessitate Reevaluating Go-To-Market Strategies

Bridge Group
- Bridge Group 2015 SaaS Inside Sales Survey Report

Stellaxius
- The CRM battlefield: Salesforce, an almost 25-year throne

矢野経済研究所
- 2021 ERP／業務ソフトウェアの導入実態

シード・プランニング
- 営業支援DXにおける名刺管理サービスの最新動向2024

みずほリサーチ＆テクノロジーズ
- みずほインサイト／少子高齢化で労働力人口は４割減

内閣府
- 国民経済計算（GDP統計）

Go To Market Partners
- Digital Sales Rooms: Vendor Landscape by GTM Partners

TrustRadius
- 2024 B2B Buying Disconnect Report: The Year of the Brand Crisis

▼著者情報

中谷真史（Masafumi Nakatani）
慶應義塾大学経済学部卒。新卒にてグローバル大手外資製薬企業に入社。主力製品にて国内売上額日本一を経験。その後、コンサルティングファーム2社にて営業戦略／営業改革／セールスイネーブルメント系プロジェクトを中心に経験。
2018年にマツリカへ参画し、以後カスタマーサクセスマネジメント部門統括、セールスマネージャー、マーケティング＆セールス統括、事業戦略・開発室立ち上げを経験。日本初のデジタルセールスルーム「DealPods」を構想し、社内起業。事業責任者・プロダクト責任者を務める。米カリフォルニア州在住。

＜企画・分析＞

佐藤風太（Futa Sato）
横浜国立大学経営学部卒。在学中より正社員として株式会社マツリカに参画。マーケティング部門のマネジメントを経て、経営企画／BizDev（事業戦略・開発）として従事。FY23Q2MVP受賞。国内営業組織の実態調査レポート「Japan Sales Report」プロジェクトを立ち上げ、分析／執筆リーダーを担当。

▼所属企業情報
- 会社概要
　社名：　　　株式会社マツリカ（https://mazrica.com）
　本社：　　　東京都中央区東日本橋2-7-1 FRONTIER東日本橋6階
　代表者：　　代表取締役CEO 黒佐英司
　設立：　　　2015年4月30日
　事業内容：クラウドアプリケーションの運営、営業活動におけるコンサルティング業務、その他インターネットインフラ事業の開発・運営

- Vision

　人間がやるべきこととは、改善の繰り返しや効率化だけではなく、自由な発想で世の中に新しい価値を生み出すこと（創造性）であると考えています。

　そしてこの世界をもっともっと人間の創造性で満ち溢れた状態にするためには、人生において多くの時間を費やしている「ワークライフ」を輝かせることが重要だと考えています。

　遊ぶように主体的で、行動自体を楽しめる状態になることで、創造性の解放や生産性の最大化が実現できる。この想いから、マツリカは「創造性高く遊ぶように働ける環境を創る」というVisionを掲げています。

　人とテクノロジーの力をかけ合わせることで、もっと自由で、もっと創造的で、充実したワークライフをこの世の中に生み出していきます。

▼事業情報
　現在は、生産性の向上が急務である営業・マーケティング現場のユーザーに向き合い、セールス・マーケティングプラットフォーム「Mazrica」、およびデジタルセールスルーム「DealPods」を開発・提供しています。

　「創造性高く遊ぶように働ける環境を創る」というVisionの下、営業・購買活動におけるデータの価値をより向上できる統合プラットフォーム創りを目指して参ります。

・**Mazrica**
　Mazricaは、マーケティング・営業における生産性向上や組織強化を一気通貫で支援する統合プラットフォームです。

　答えは、簡単さを超えて、**「誰でも使えること、誰でも成果を出せること」**。これが、日本の営業DXの抱える課題から生まれた、次世代型のセールス・マーケティングプラットフォーム「Mazrica」の姿です。

＜製品群＞
Mazrica Sales（営業職向け）
Mazrica Marketing（マーケティング職向け）
Mazrica BI（全職種向け）
Mazrica AI（データ分析基盤）

詳細はこちら
https://product-senses.mazrica.com/

・DealPods

　DealPodsは、マーケティングからセールスまで、全ての顧客接点を合理化し営業と顧客のWin-Winを実現する、日本初のデジタルセールスルームです。

　営業の持つあらゆる提案情報を、高度なセキュリティのもと一元化し顧客へ提供。売り手・買い手双方の情報共有を簡単にすることで、営業・購買活動の円滑な推進を可能にします。

詳細はこちら
https://deal-pods.com/

▼Japan SalesTech Landscape 2024ダウンロードはこちら
　以下のURLから、日本での営業DX推進に活用できるセールステックツールを網羅的にまとめた「Japan SalesTech Landscape 2024」のPDF版（各カテゴリの解説付き）をダウンロードいただけます。

詳細はこちら
https://product-senses.mazrica.com/dldocument/japan-sales-report-2024-landscape

※このLandscape（カオスマップ）は株式会社マツリカ独自の調査により制作したものであり、必ずしもその正確性を完全に担保するものではありません。

SalesTech大全
攻めの営業DXを実現する最先端テクノロジー

2024年9月30日　第1刷発行

著者	中谷真史
発行者	鈴木勝彦
発行所	株式会社プレジデント社
	〒102-8641
	東京都千代田区平河町2-16-1 平河町森タワー13階
	https://www.president.co.jp/
	https://presidentstore.jp/
	電話　編集 03-3237-3733
	販売 03-3237-3731
販売	桂木栄一、髙橋徹、川井田美景、
	森田巖、末吉秀樹、大井重儀
企画・分析	佐藤風太
装丁	金居友憲、佐藤静佳
校正	株式会社ヴェリタ
編集	川又航、二宮帆南
印刷・製本	株式会社サンエー印刷

©2024 Mazrica Inc.
ISBN 978-4-8334-5247-2
Printed in Japan
落丁・乱丁本はお取り替えいたします。